ウエディングプランナーになりたいきみへ2

～最高の結婚式を創るために～

GENTOSHA

幻冬舎

ウェディングプランナーになりたいきみへ２

～最高の結婚式を創るために～

はじめに

私が代表を務めるブライダル会社・株式会社プラスは、2018年オリコン顧客満足度®調査「ハウスウエディング」部門で総合1位を獲得することができました。評価項目別においても、「式場」「ウエディングプランナー」「料理」「ドレス・衣装」など、13項目中13項目すべてで第1位を獲得しました。

プラスならではのこだわりのスタイルを続けてきたのは間違いではなかったと、自信を新たにした出来事のひとつです。

私が「結婚式の司会者」としてブライダル事業に携わるようになり、自ら結婚式場を運営することを決意した経緯については、前著『ウェディングプランナーになりたいきみへ~笑いと涙の結婚式~』で紹介しました。

当時の結婚式場といえば、総合結婚式場やホテルが中心。プログラムや演出には、ある程度決まった「型」がありました。しかし、そうした「型」にのっとった結婚式で司会を務めるなかで、「このおふたりには、もっと違った、もっとふさわしい結婚式のスタイルがあるのではないか」「もっともっといい結婚式ができるのではないか」という想いが強くなっていきました。

そして、「結婚式のあり方を変える」ことを目指し、今のスタイルの結婚式場をつくるに至ったのです。

あれから17年。結婚式場のあり方、ウェディングプランナーのあり方は変わったのでしょうか。

結婚式の難しさは、新郎新婦がいわば「幹事」の立場でおもてなしの準備を行いますが、当日はメインステージに立っており、「幹事」として立ち回れない点にあります。そこでウェディングプランナーが、「幹事」として考えるべきこと、行うべきことをプロのノウハウをもってサポートし、当日はおふたりに代わって裏方の進行を取りしきるのです。

結婚式は多くの、さまざまなゲストが集まる場なので、当然ながら予期せぬ事態が発生することもあります。そんなとき、おふたりの志向や大切にしたいことを理解していれば、適切な判断を下すことができます。それこそがウェディングプランナーの存在価値といえるでしょう。私たちプラスは、そうした「プランナーのあるべき姿」を追求し、実行し続けてきました。

立ち上げ時からこだわっているのは、「完全貸切ゲストハウス」「ウェディングプランナー一貫制」というスタイルです。

従来の式場は、お客様一人ひとりの背景が異なるにもかかわらず、式場側の都合や理屈で画一的な結婚式を行ってきました。でも、結婚式は一生に一度。おふたりの志向に合わせた「ベスト」を追求するべきだと思います。それを実行するには、自由度が高い建物・設備・時間と、想いを汲み取るプランナーやスタッフが必要。そこで、「完全貸切ゲストハウス」「ウェディングプランナー一貫制」に行き着いたのです。

しかし、ブライダル業界全体を見渡すと、この17年で結婚式のあり方、ウェディングプランナーのあり方はあまり変わっていないように見受けられます。

「ゲストハウス」と名乗る結婚式場は、以前とは比較にならないほど増えました。しかし、新郎新婦をサポートするスタッフの役割は細分化されており、「新規接客」「販売（セールス）」「プランニング」「各種手配」「当日のアテンド」などを別々の担当者が行うケースがほとんどです。

つまり、おふたりのためにプランニングに情熱を注いだウェディングプランナーが、結婚式の当日は進行やおふたりのお世話を他のスタッフに託さなければならないということ。それでは物足りなさ、さびしさを感じるのではないかと思うのです。

こうした現状を見ると、ウェディングプランナーに憧れ、目指す人たちに対して、業界は本当にやりがいを持って働ける環境をつくれていないのではないかと感じます。

そうしたなかで、私たちは先ほど述べた「ウェディングプランナーのあるべき姿」にこだわり続けています。

『笑いと涙の結婚式』

私がプラスを立ち上げたときに決めたキャッチフレーズです。

新郎新婦やゲストが、笑いと涙にあふれることはもちろん、ここには「私たちスタッフも」笑いと涙にあふれていたいという想いを込めました。

「それぞれの新郎新婦にとって、最高の結婚式を創る」という理念に共感する仲間が集まり、2003年に1号店をオープン。わずか8名のスタッフでのスタートでした。5名のプランナーと3名の厨房スタッフは、来る日も来る日も準備に奔走し、結婚式当日は自分の家族の結婚式であるかのように、ともに笑い、ともに涙し、それはまるで青春時代のような熱気を帯びたひとときでした。

今では、愛知・岐阜・三重・静岡・大阪に21店舗を展開しています。他にドレスショップ、和装専門レンタルショップも運営。スタッフは総勢400名を超えました。2016年には株式上場も果たしました。

会社が大きくなることで変わっていったこともありますが、どんなときも変わることなく私たちを導いたのは、「いい結婚式をしよう」という想いです。その想いが体現されていることで、「顧客満足度1位」の獲得につながったのだと思います。

「それぞれの新郎新婦にとって最高の結婚式を創る」はこれからも私たちの使命であり、信条であり続けます。

「ウェディングプランナー」という職業は、私たちが創業した17年前と比較すると広く知られるようになりました。フリーランスのウェディングプランナーも多く活躍するようになっています。この仕事に憧れ、目指す人も増えています。

私自身、「ウェディングプランナー」は素晴らしい仕事だと感じています。これだけ熱くなれる仕事はなかなかないと思います。日々泣いて、笑って、そしてお客様から涙を流して「ありがとう」と言われる仕事なのですから。

この本では、「最高の結婚式を創る」ためにウェディングプランナーたちがどのような想いで取り組んでいるか、現場でのリアルなエピソードを交えて紹介しています。

また、ウェディングプランナーと協力して結婚式を創る料理人やサービススタッフ、ドレスコーディネーター、運営を支える広報や教育などの担当者の仕事ぶりもお伝えします。

スタッフがそれぞれの立場から語る真実には、お客様との心の触れ合い、一つの結婚式をチームで創り上げる達成感が描かれています。もちろん、そこにあるのは美談ばかりではありません。悩みや挫折、葛藤、それらを乗り越えた先にある喜び。ウェディングの現場で働くことで得られる何かを、この本を通して体感していただけたら幸いです。

この本がウェディングプランナーの道を志す人に、そして自分たちらしい結婚式を挙げたいと思っている人にとって、一つの道標《みちしるべ》となることを願っています。

株式会社プラス 代表取締役社長　河合達明

ウェディングプランナーになりたいきみへ2　目次

装幀　石川直美(カメガイ デザイン オフィス)
本文デザイン・DTP　美創
編集協力　垣畑光哉(リスナーズ株式会社)
青木典子(リスナーズ株式会社)
横山瑠美
野村ひとみ(株式会社プラス)
写真　杉山 靖(クレドレクラン)
ヘアメイク　水谷恭古(Kindmind)

*文中の新郎新婦のお名前はすべて仮名です。

Chapter 0

「ウェディングプランナー」という仕事

みなさんは「ウェディングプランナー」と聞いて、どのような仕事をイメージしますか？

――結婚式当日まで、新郎新婦と一緒に結婚式の打ち合わせをする人
――結婚式当日に必要なものを手配（発注）する人
――結婚式当日に新郎新婦の介添《かいぞ》えをする人
――結婚式当日、リーダーとして他のスタッフに指示を出す人
――式場見学に来たカップルに施設の案内をする人

みなさんが抱くイメージはさまざまだと思いますが、正解は「そのすべて」です。これらの役割が分業化されている式場が多いのですが、私たちの会社では一人のウェディング

プランナーがそのすべてを担当しています。それが真のウェディングプランナーであり、分業してしまうとウェディングプランナーとは呼べないと、ブラスは考えています。

この章では、結婚式当日を迎えるまでに新郎新婦がどのような過程を経るのか、そこにウェディングプランナーがどのように関わるか、ご説明します。

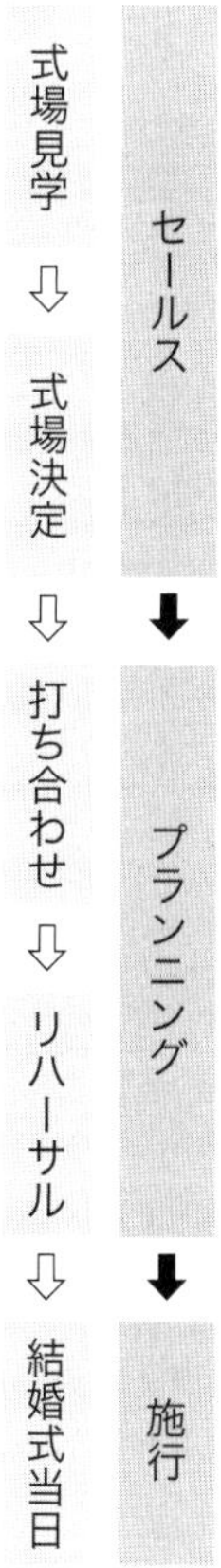

新郎新婦と出逢う

ウェディングプランナーが「いい結婚式を創りたい」といくら意気込んでも、待っているだけでお客様が来てくれるわけではありません。私たち同様に「ゲストハウス」と呼ばれる結婚式場はたくさんあります。まずは「おふたりに私たちの式場を選んでいただくこと」。すべてはここから始まります。それがプランナーにとっての「セールス」となります。

お客様に選んでいただかなくては結婚式はできないわけですから、プランナーにとってセールスはとても大切な仕事です。昨今は競合の結婚式場が増えているだけでなく、「婚姻届を出す人の半数が結婚式をしない」時代と言われています。少ないお客様を、多くの式場が取り合うような厳しい状況のなか、どこのブライダル会社でも、「セールス」の重要性は増すばかりです。

「セールス」と聞くと、相手を説得して、強引に物を売るようなイメージを思い浮かべる方がいるかもしれません。しかし私たちは、「セールス」とは「出逢い」だと思っています。

私たちは常日頃、「いい結婚式を創ろう」という想いを持っています。「最高の式を創り、喜んでいただくためにおふたりと出逢った」――そんな想いや信念を素直に伝えることが、「セールス」の活動だと考えています。

結婚式に向けて準備する

お客様が私たちの式場を選んでくださった瞬間から、「おふたりの結婚式の準備」が始まります。それはまさに、〝おふたりの結婚式のプランニングをする〟ということ。みなさんが抱く「ウェディングプランナー」という仕事、そのものではないでしょうか。

結婚式の準備は、実に大変です。

その理由の一つに、結婚式はほとんどの新郎新婦にとって初めての経験であることが挙げられます。

式場は決めたものの、後はどうしたらよいものか、わからない――そんな新郎新婦がほとんどです。そんなおふたりに、結婚式本番までの道標を示し、一緒に結婚式を創っていく。それがプランナーの仕事です。

大切なのは、おふたりとにかく話をすることです。話し合い（打ち合わせ）を重ねることで「信頼」を得ることが重要。信頼を得てこそ、おふたりは心を開いてさまざまなことを相談してくださるようになります。

こうして対話を重ね、おふたりが求めるものを見極めていきますが、その一方で、希望を叶えるだけでは一人前のプランナーとはいえません。ご家族やゲストの立場もふまえ、時にプロとして的確なアドバイスや判断を下すことも必要です。繰り返しになりますが、新郎新婦は結婚式の準備・本番がどのようなものかわからないのです。結婚式が成功するかどうかは、私たちのリードにかかっています。

では、結婚式の準備とは具体的にどのようなことを行うのでしょうか。

代表的な項目を挙げてみます。

ドレス
招待状
席次表
引出物
進行
装花
ヘアメイク
BGM

料理
ウェディングケーキ

この本を読んでくださっている未来の新郎新婦のなかには、「うわぁ、大変だなぁ」と思った方もいるかもしれません。でも、大丈夫です。その不安を取り除くため、結婚式の本番までおふたりを導くために、ウェディングプランナーがいるのです。

「結婚式は、担当プランナーと式場次第」

仮に「車」を買うことを想像してみてください。「車」は結婚式と価格こそ近いけれども、現物が目の前にあるものです。その「車」でさえ、営業担当者や営業店次第で買おうという気持ちの度合いが違ってくるのではないでしょうか。

――もし何かあったら、すぐに対応してくれそうだ。

――同じ車を買うなら、あの営業担当者から買いたい。

形あるものでさえ、売る人の力量次第なのです。まして結婚式は、目に見えないもの、形のないものです。その成功は、担当プランナー、スタッフ、式場にかかっていると言っても間違いではないと思います。

では、結婚式に関する知識のない新郎新婦に対して、担当プランナーは何ができるでしょうか。

たとえば、「入場はどのようにしよう？」と悩んでいるおふたりがいるとします。入場のときに流す曲だけは決めているけれど、それ以外は考えていない、考えつかない……という新郎新婦がほとんどです。

そんなとき、プランナーによって提案は大きく異なります。あるプランナーは、結婚式のテーマに合わせた映像を制作して入場前に上映し、一気に会場の雰囲気をつくり上げる提案をします。またあるプランナーは、照明の当て方・カーテンを上げるタイミングに徹底的にこだわり、映画のワンシーンのような印象的な画をつくりましょう、と提案するかもしれません。あるいは、スタッフも一緒にダンスをし、楽しく盛り上げます！　という提案をするプランナーもいます。

――入場のしかた一つをとっても、こんなにも「プランナー次第」なのです。

さらに、ここで言う「プランナー次第」というのは、「プランナーの力量」ということだけではなく、「プランナーのタイプ」という要素も大きく影響するということです。

――楽しいことが好き！

――賑やかなのが大好き！

――ロマンチックが得意！

――お洒落な雰囲気が得意！

もちろん、目の前のおふたりに一番合ったパーティを実現するのがプロの仕事ですが、その選択にプランナーの個性が加わってもいいのです。

ウェディングプランナーとおふたりのこだわりや個性が三位一体となって発揮されていくのは、本当に素敵なことです。だからこそ、3人でしか創りえない、かけがえのない時間になるのです。

「自分の結婚式を信頼して任せられる、真のウェディングプランナーを探しましょう！」

私が声を大にして伝えたいことです。

結婚式場には、大型の専門式場、ゲストハウス、ホテルなどさまざまなタイプがあります。デザインも好みに応じて選べます。しかし、施設以上に大切なのが、そこで働く「人」だと思います。つまり、安心して任せられるプランナーに出逢うことが大切なのです。式場を選んだだけ、打ち合わせをしただけでは決して創れない結婚式を、完成させてくれるのがプランナーなのですから。

「なんだか責任が重すぎるな」と感じる方もいるかもしれません。けれど、責任があるのは当然のこと。多くのお客様にとって、結婚式は人生で一度きりなのですから、その責任を担う覚悟が必要です。

結婚式本番で指揮をとる

「結婚式当日」のプランナーはどのような仕事をしているのでしょうか。

まず、他の式場で多く見られるケースを挙げてみましょう。

この日まで新郎新婦と打ち合わせをしてきたプランナーは「いってらっしゃい」とおふたりを送り出し、式場では「アテンダー」と呼ばれる別の介添え専門スタッフがおふたりのサポートをする。料理はサービスキャプテンが、結婚式の進行は司会者が進めていく――。このように、各分野の専門スタッフが分業で式の一部分を担当するスタイルが、多くの式場で採られています。

でも、冒頭で述べたように、私たちはそれとは異なるスタイルを採っています。

一人のプランナーが、「介添え」も「タイムスケジュールの管理」も行い、「料理を出すタイミング」「司会者がゲストに呼びかけるタイミング」にまで指示を出す。そして常におふたりの近くに寄り添う。それはオーケストラにたとえれば、指揮者のような存在です。一つの結婚式に携わるスタッフは、多いときで40名近く。これを指揮するとなると、なかなか高度なテクニックが求められます。

しかも本番は、全員が忙しく動き回る戦場状態。冷静に的確な指示を出すことは、経験を積まないと簡単にはできません。それでなくとも担当プランナーはほうぼうから呼び出されるため、体がいくつあっても足りないくらいです。

それでも式の全体像を理解しているのは、担当プランナーしかいません。

――おふたりが式のなかで一番大切にしていること
――おふたりが大好きなおじいちゃんのこと
――おふたりの入場曲は、思い出の曲であること
――ゲスト一人ひとりを想って選んだお食事のこと

担当にしかわからない、微妙なニュアンスやタイミング、空気感。これなくして、式の成功はありません。

では、たった一人の指揮者で結婚式を創り上げることができるのか――。それは、私たちが「チーム」で仕事をしているからこそ可能なのです。

私たちは一日に2組しか結婚式をお受けしません。同時に2つの結婚式は行わないのです。つまり、スタッフ全員が一つの結婚式に集中できるという環境です。プランナーもしかり、シェフもしかりです。そして、「担当プランナー」がいるとはいえ、私たちはスタッフ全員で結婚式を創っていくという気持ちを日頃から忘れないようにしています。

たとえば、打ち合わせ中に担当プランナーが用事で席を外しても、他のプランナーが当

たり前のようにおふたりに話しかける。シェフやパティシエも気さくに会話の輪に入ってくる。それは、安心していただくだけでなく、私たちスタッフにとっても「おふたりのことを知ったうえで当日を迎える」ことに意味があると信じているからです。

だから、あらためて思います。

「友人のように祝う気持ち。それなしで最高の結婚式は創れない」と。

さて、ここまで「プランナーの仕事の基本」についてご紹介してきました。いかがですか？　やりがい十分の仕事でしょう。

この後の章では、現場で日々奮闘しているプランナーたちの仕事ぶりや、そこで感じていることをご紹介します。まだまだ新米のプランナーから、10年以上にわたって計300件の結婚式を手がけてきたベテランまで、幅広く声を拾いました。この章でお伝えしたことも、それぞれのプランナーの経験をもとに、よりリアルに語られているはずです。

「私もこんな風になりたい」と思うプランナーはいるでしょうか。

「やりがいのある、素敵な仕事だ」と思っていただけたなら、うれしい限りです。

「誰よりもそのお客様のことが好き！」それが、私の一番の武器

Chapter 1

松浦菜々子

Nanako Matsuura

マンダリンアリュール ウェディングプランナー

profile

1996年、京都府長岡京市生まれ。

学校法人大和学園キャリエールホテル旅行専門学校ブライダル学科を卒業後、プラス13期生として入社。

学生時代から人が喜ぶ姿を見るのが好きで、家族や友人へのサプライズを企画するのが得意だった。

「最大級の幸せをつくる仕事を」と考え、ウェディングプランナーを志す。

2017年、マンダリンアリュールに配属され、ウェディングプランナーデビューを果たす。

サプライズ好きの女の子がウェディングプランナーになるまで

「いつまでも……、いつまでも幸せな『鈴木さん』でいてください」

涙をこらえながら、松浦菜々子が新郎新婦に差し出したもの。それはたくさんのメッセージカードで飾られたオリーブの木だった。

結婚前の名字が奇しくも同じ「鈴木」だった、新郎のタカユキさんと新婦のカナエさん。松浦はふたりの結婚式で、鈴付きのメッセージカードが飾りつけられたオリーブの木、「鈴の木」を贈るサプライズを考えたのだ。松浦にとっては、プランナー人生のスタートで担当させてもらう新郎新婦。ふたりへの思い入れはひとしおで、喜ばせたい一心から思いついた企画だった。

「学生時代から、家族や友人にサプライズを仕掛けるのが得意だったんです。どうしてもおふたりにとって忘れられない日にしたくて。とくに力を入れました」

式当日はふたりに気づかれないよう、80名のゲストに鈴付きのカードを配布。ふたりへのメッセージをしたため、オリーブの木にくくりつけてもらった。マンダリンアリュールのスタッフたちもメッセージを寄せた。

式の終盤、松浦から新郎新婦に「鈴の木」が差し出された。サプライズに気づき、ふたりは顔を見合わせる。その表情には笑顔と涙が入り混じっていた。

「え、何これ、うれしい……！」

「菜々子ちゃんが考えてくれたの!?　本当にありがとう！」

ふたりのそばで、メッセージカードに付けられた鈴が鳴り響いた。それは新郎新婦を祝福し、松浦のデビューまで祝っているかのような澄んだ音色だった。

松浦は、もともと人を喜ばせることが何より好きだった。母の日や友人の誕生日にメッセージカードや動画、フラッシュモブを使ったサプライズをしたこともある。

将来は「幸せ」をつくる仕事に就きたいと考えていた。「最大級の幸せ、それをつくる仕事ってなんだろう」と思いをめぐらせ、ウェディングプランナーの道を選んだ。

配属されたのは静岡県浜松市のマンダリンアリュール。1930年代のパリのホテルをモチーフとした人気の式場だ。学校では「就職して1年目は下積み」と教わっていたが、そのイメージはいい意味で裏切られた。先輩プランナーのサポート業務だけにとどまらず、単独で新規のお客様の接客、そして結婚式のメイン担当まで任されたのだ。

笑顔を絶やさず、前向きに新人でもできることがある

とはいえ、入社1年目の新人である。ある新郎新婦との打ち合わせでのこと。松浦の準備が十分でなく、新郎新婦から「ちょっと不安になった」と言われてしまった。しかし、その後にこんな言葉が続いた。

「でも、私たちは菜々子ちゃんと一緒に式を創っていきたい。あなたがいつも笑顔で対応

してくれるのが私たちは何よりうれしいんだから」

その言葉に、松浦はハッとした。年齢が若く経験が浅いために不安を与えるのではないか、関西弁に違和感を持たれないか……などと余計なことばかり考えていた自分に気がついたのだ。知識や経験は少なくとも、お客様と真剣に向き合い、やるべき仕事をきちんとしていれば信頼関係は築ける。そうわかってからは、できることに精一杯取り組むことを第一に考えるようになった。

「私の一番の武器は、誰よりもそのお客様を好きだということ。背伸びせず、笑顔を絶やさずにありのままの自分で接客すれば、新人でも信頼関係を築けると学びました」

お客様の素敵な面、意外な一面に目を向けることも心がけている。打ち合わせで無口な方にもあえて話しかける。新郎新婦分け隔てなく、笑顔で目線を合わせる。

「小さな共通点が見つかると、一気に心を開いてもらえることがあります。盛り上がりやすい話題は海外旅行や血液型、はまっているドラマ、音楽、スポーツ、休日の過ごし方。よく共通点になるのはスノーボードですね」

できないことがあると落ち込んでしまう、という松浦だが、現場で感じた課題を克服し、自信を持って接客できるように日々努力も続けている。

「実は丁寧な言葉遣いや、きれいな文字を書くのが得意ではなくて。言葉遣いに関しては話し方の本を読み、普段から友人や同期、先輩に『おかしな言葉遣いのときは注意してください』と頼んでいます。書き文字は、ペン字の本を買って練習を続けています」

サプライズ好きの本領が発揮されたデビュー結婚式。演出テーマは「ハロウィン」

松浦のウェディングプランナーデビューは入社半年後だった。オリーブの木のサプライズをしたタカユキさん、カナエさんのカップルだ。

「おふたりとの出逢いは運命だ。とことんおふたりと向き合おう。いつ振り返っても『最高の一日だった』と言っていただけるような結婚式を創ろう」

初回の打ち合わせでは新郎新婦それぞれにプロフィールシートを書いてもらった。松浦からも質問を投げかけ、回答をさらに掘り下げる。その膨大な情報のなかから「おふたりらしさ」をどうつかむか。式のプランにどう落とし込むか。その答えを見つけたくて、ふたりに共通する想いを丸で囲んでいくと、あるキーワードが浮かび上がった。

「当日の希望を伺うと、おふたりがやりたいことより、ゲストのためにして差し上げたいことがたくさん出てきて。おふたりが大切にしたいのは『おもてなしの心』なんだ、これを当日の軸にしようと決めました」

式の日取りがハロウィンに近かったことから、ハロウィンモチーフの楽しいパーティにしたい、という要望も出た。式のテーマは「ハロウィン」に決定した。

その後も松浦はふたりと打ち合わせを重ねていく。ナプキンは紫色、花はオレンジ色にして、会場全体をハロウィンカラーに。会場にはかぼちゃを飾りつけ、花嫁の控え室の鏡には魔女のイラストを描こう。式の開始前から主役もゲストもウキウキしてしまう工夫を心がけた。新郎新婦入場は仮装して踊るスタッフを従えて。厨房を紹介するキッチンオープンではハロウィンにちなんだ曲をかけ、統一感を演出しよう——。

「おもてなしの心」を表現することも忘れない。ゲストに配るロゼット（リボンの付いた勲章のようなアイテム）もハロウィンカラーに統一。パーティではゲストへのプレゼントタイムを設け、一等賞の賞品は「ふたりの手作りパンをご自宅に届けます券」にした。余興やスピーチをするゲストにはとくに感謝の気持ちを表したいというふたりの意向をふまえ、デザートプレートにチョコレートで〝Thank you!〟と書いた。

これらの演出に加えてオリーブの木のサプライズも成功し、結婚式は無事にお開きとなった。

式の1週間前から毎日早朝に出勤して、会場でイメージトレーニングを繰り返していた松浦。イメトレ中に泣けてくるほど、ふたりの式を成功させたい想いが強かった。そのかいあって当日は順調に進んだ。が、新郎新婦と考えた演出が一つ、また一つと形になるたび、うれしさとともに式がおわりに近づく寂しさも感じていた。

式の後、満ち足りた様子のふたりから感謝の言葉をもらった。

「楽しかったし、菜々子ちゃんの心遣いが本当にうれしかった。ありがとう。でも、それも今日までなんだね。寂しいよ」

ふたりも同じ気持ちだった。

ただ、式はおわったが、うれしいこともあった。タカユキさんとカナエさんが今でも、マンダリンアリュールを訪ねてきてくれるのだ。

「式の写真データの受け取りに来られたり、差し入れにお菓子を届けてくださったり。私のことを娘みたいに思って、お会いするたびに『成長したね！』と言ってくださるんですよ」

誰よりもおふたりのことを好きなプランナーであり続けたい

仕事のなかで最も好きな時間がある。それはブラスのプランナーがつくる進行表を見ることだ。ブラスでは毎週、全店で行われる結婚式の進行表が配信される。新郎新婦はどんなお人柄か、なぜこういうパーティなのか、見どころはどこかなどの情報も盛り込まれている。

松浦は進行表で気になったアイディアをコピーしてカテゴリ別にタグ付けし、ファイリングしている。ファイルの厚みは5センチ、蓄積されたネタは100を超えた。接客時に式のイメージを広げやすくなり、提案の幅も広がった。

「先輩方に比べると経験は圧倒的に少ないですし、提案力もまだまだ足りない。進行表を熟読して、少しでもアイディアの引き出しを増やしていきたいんです」

プランナー歴3年目に入ったばかりの松浦には理想のプランナー像がある。

「誰よりもおふたりのことを好きなプランナーであり続けたいと思っています。なぜなら、結婚式当日をおふたりと一緒に迎えられるのは、決して当たり前のことではないから。おふたりが出逢って、いろんな出来事を経て結婚を決められたこと。マンダリンアリュールを選んでくださり、その結婚式を私が担当させていただけたこと。すべてが奇跡だと思うんです。だからこそ、絶対におふたりの思い出に残る一日にしたい。担当数がどれだけ増えても、これだけは絶対に守っていきたいと思っています」

圧倒的な「幸せオーラ」と諦めない気持ちで
不可能を可能にする

Chapter 2

森山佳奈

Kana Moriyama

オランジュ：ベール 副支配人

profile

1991年、愛知県生まれ。

2014年、椙山《すぎやま》女学園大学卒業後、ブラス10期生として入社。

就職はアパレル志望だったが、もともとパーティの企画や運営を担当するのが好きだった。

軽い気持ちでブラスの説明会に行ったところ、社員の雰囲気と働く環境に魅せられ、進路を方向転換。

オランジュ：ベール配属。

2016年、ベストプランナー第2位。

2017年、ベストプランナー第1位。

同年、チーフプランナーとなる。

2018年、副支配人となる。

「幸せオーラ」を全開に！
新郎新婦にとっての特別な存在でありたい

ブライダルの専門学校で学んだわけではない。大学の専攻はアパレル系で、アルバイトもアパレル企業。そのままバイト先に就職するつもりだった。

森山佳奈がブラスの説明会に参加したのは、少しだけパーティの企画や運営に興味があったから。アパレル系の就職活動前の予行演習として、軽い気持ちでの参加だった。

ところが説明会ですっかり魅了されてしまう。ブライダル業界というより社員の雰囲気やウェルカム精神、つまりブラスで働く「人」に魅力を感じたのだ。

入社後、愛知県日進市のオランジュ・ベールに配属された森山は、すぐに憧れのロールモデルを見つける。「ベストプランナー」を獲得した先輩たちだった。ベストプランナーとは、ブラスが求めるプランナーとしての総合力を評価し、年度ごとに与えられる賞のこと。ブラスが誇る、一流のプランナーの証しだ。

「入社した年は、オランジュ・ベールの先輩が1位、3位、4位を獲得したんです。その姿がすごく格好よかった。自分もいつか絶対、あの場に立ちたいと思ったんです」

その決意どおり、森山は入社3年目に2位、4年目には1位を勝ち取った。森山の武器は、意識して出す圧倒的な「幸せオーラ」だ。どんなに忙しくても、お客様に疲れた顔は絶対見せない。話は前のめりで聞き、大きな声でよく笑う。お見送りではお客様の車が見えなくなるまで大きく手を振る。その理由を、彼女はこう語る。

「お客様にとっては一生に一度の大切な結婚式です。忙しくなるとつい顔に疲れが出てしまうのはプロ失格。お客様に『モリカナ、疲れてない？　大丈夫？』と絶対に言わせてはいけないと思っています。常にハッピーオーラを出して、ふたりのお手伝いをする特別な存在であり続けたい。結婚式と同様に、一回一回の打ち合わせも大切に、全力で臨みたい。お見送りも、自分なら最後まで手を振って見送ってもらえたらうれしいから。お客様も心地いいと思ってくださるだろうと、常に想像してやっています」

入社5年目に入り、肩書は副支配人となった。今は親しみやすさだけでなく、お客様に信頼感を与えることも意識している。

「この人なら頼れる、と思っていただけるような話し方、立ち居振る舞いに気をつけています。ハッピーオーラ全開な一方で、大事な場面では落ち着いて頼もしさも感じさせる。そんな存在として、おふたりに寄り添いたいと考えています」

「できません」とは絶対に言いたくない。ゲストの度肝を抜く演出をチームで実現

森山は、これまで「できません」と言ったことがない。新郎新婦の希望を尊重し、「普通はできない・やらない」演出を次々と実現させてきた。

あるときは、白馬に乗った新郎がオランジュ：ベールのガーデンに登場し、階段上の新婦を迎えに行く、「白馬の王子様」演出をやってのけた。「室内で花火を上げたい」と希望した新郎新婦には、室内用の熱くない花火の使用を提案。メインテーブルへの着座と同時

に両サイドの花火が点火し、絶妙のタイミングでBGMが流れ出すインパクト満点の演出でふたりを満足させた。現実的に難しいプランでもあきらめない。なんとしてもやり方を工夫して実現させてあげたいのだ。

百戦錬磨の森山にとって、忘れがたい演出がある。マグロの解体ショーだ。新郎がゲストに強いインパクトを残したいと考え、出た企画だった。ただ、会場で大きな魚を解体すればにおいや衛生面の心配が出てくる。なぜ、新郎はそんな演出を望むのか。不思議に思いヒアリングを重ねると、一番仲良しの漁師の友人にスポットを当てたいという、新郎の想いが見えた。なんとしても叶えてあげたいと彼女は張り切った。

大切なのはその場で解体することではなく、親友の釣ったマグロの解体場面をゲストに見せ、その場で振る舞うことだ。それならば事前に解体シーンを撮影・編集しておけばどうか。その動画をマグロを提供する直前に流せば、リアルタイムで解体しているかのような臨場感が出る上、マイナス面もカバーできる——。

アイディアのまとまった森山は、さっそく厨房に相談を持ちかけた。普通なら、「専門家を呼べ」「自分たちの仕事じゃない」と言われてもおかしくない、無茶なお願いだ。

「ところがシェフたちは、どうしたらオランジュ：ベールでできるか、一生懸命考えてくれたんです。解体の方法は調べておくよ、必要な道具は用意してほしい、と言って。どんな提案にも協力を惜しまない、いい仲間たちなんです」

当日は森山の作戦どおり、式の前に親友が釣ったマグロをシェフたちが解体して、そのシーンを撮影。解体シーンを上映後、新郎新婦がコックコートを着てゲストの目の前でマグロのブロックを切り分けて見せた。この演出にはゲストから歓声が上がった。

これだけ手の込んだ演出をしても、演出料を別途いただくことはない。しかし、新郎新婦とゲストに感動を与えることができれば、それが口コミとしてSNSで広がり、結果としてオランジュ：ベールのファンが増えると森山は考えている。

「SNSでオランジュ：ベールで式を挙げたいとおっしゃる方のコメントが増えています。売上など関係なく、おふたりのためにいい結婚式を創りたいと全力でチャレンジしたり、スタッフが協力したりする姿をお客様は見てくださっている。それがリピーターや新規のお客様の獲得につながっているのだと思います」

「いい結婚式を創る」をまっとうする

最近印象に残ったのは、森山が担当して100組目となる新郎新婦の結婚式だ。新婦がインスタグラマーで、写真には並々ならぬこだわりを持っていた。一番こだわったのは、クライマックスの門出のシーンだった。「ロマンチックにしたい」との希望に応え、森山だけでなく、オランジュ・ベールのスタッフ総動員でガーデンのスポット位置や当てる角度を何度も変え、リハーサルをした。

「夜のお式だったんです。当日はバブルシャワーを噴射しながら、ガーデンの奥から披露宴会場に向けてスポットを当てました。そこで真っ黒いシルエットとなったおふたりがキス。実際に目の前で見ると、これがなんともロマンチックで……。今でもそのシーンを思い出します。写真もねらったとおり、美しく仕上がっていて。チーム全員が達成感を感じられた瞬間でもありました」

どんな結婚式でも、森山が大切にしていることがある。それは「とにかくいい結婚式を創る、それをまっとうする」ということ。

ブラスの結婚式は一般的な式より30分以上も長い。あらかじめ決められたプログラムどおりに進行するだけでなく、担当プランナーがその時々の空気や状況を見て臨機応変に対応するために「余白」を持たせているのだ。たとえば、司会者がゲストにマイクを向けて「おめでとう」の声を届けるといったことも、余白があるからこそ可能となり、式の盛り上がりを後押しする。

「やれることはたくさんありますし、いい結婚式を創るために考えて考えて、考え抜く。そうするとスタッフにも自信がつきます。そしてこの仕事をまっとうするためには、とにかく自分の店舗と仲間を大好きでいることが大切だと思っています。式は一人ではできませんから。そして自分は不器用でもあるので」

アグレッシブに挑戦を続ける森山だが、ここに至るまでは苦しい時期もあった。

とくに入社4年目、「次こそはベストプランナー1位を獲りたい」と挑戦していた時期がそうだった。自分のことに精一杯で、周りに気配りする余裕を失っていた。そのことで仲間との信頼関係が揺らいだ時期があり、もう挑戦をやめたいと思ったこともあった。

「ある日、支配人から言われたんです。『オランジュ：ベールで一緒に働く仲間は家族のようなもの。だからみんな、お前がしんどいのはわかっている。1位を獲れるまで、みんな支えたいと思っているよ』と。そこで自分のことしか考えていなかったことに気づいたんです。それからは仲間のためにも頑張ろうと、気持ちを立て直しました」

ハードスケジュールで心身ともに疲れ果てたら、必ず帰りに同期と食事へ行った。

「その子もベストプランナーを目指していたから、お互いの気持ちがすごくわかる。彼女はライバルでもあり、切磋琢磨《せっさたくま》できる仲間。一緒にラーメン屋さんやファミレスでおしゃべりするとリフレッシュできて、明日も頑張ろうと思えるんです」

いつかは支配人に。後輩の頑張りを支えられるリーダーを目指す

仲間からの支えによって森山はさらに成長した。自分のことばかりでなく、後輩たちの力になりたいと考えるようになったのだ。

「私は本当に自分ばっかりの人間だったなと。ベストプランナーを獲るにあたって周りがすごく協力してくれた分、今度はベストプランナーを目指す後輩を支えたい。きつそうなときには話を聞いてあげたり、仕事を手伝ったり、差し入れをしたり。自分が先輩にしてもらってうれしかったことを、これからは後輩に返してあげたいんです」

いつかは支配人になりたい。それが森山の今の目標だ。

「キャリアを積める会社で働きたいと思い続けてきました。それが可能なブラスに入れたからには、もっと上を目指します。大好きなオランジュ・ベールを統括する立場として、

新規のお客様の接客ノウハウをスタッフに伝えていきたい。そしていつかはずっと背中を追い続けてきた、今のオランジュ・ベールの支配人・六車《むぐるま》さんのように、みんなを温かく包み込むようなリーダーになれたらと思います」

Story 1

ウェディングプランナーとともに結婚式を創る

「キュイジニエ」という仕事

大橋海宇

Miu Ohashi

クルヴェット名古屋 キュイジニエ

1997年、愛知県生まれ。
名古屋調理師専門学校を卒業後、
料理とデザートの両方を担当できる職場を探し、
ブラス12期生として入社。
クルヴェット名古屋に配属。

若手にも提案のチャンスがある。それがプラスの厨房のよさ

多ければ100人以上、少なくとも30人分。大人数のフレンチのコース料理やデザートを限られた時間で美しく、おいしく仕上げる。それがキュイジニエ、大橋海宇の仕事だ。ゲストの顔ぶれや式の進行によって提供のタイミングは毎回変わる。「みんな、盛りつけるよ！」。シェフのかけ声とともに、厨房は一斉に盛りつけ作業へ。指示を聞き逃さず、間違いなく実行する。最高の料理を最適のタイミングで提供するため、一個の工程、一分一秒の時間もおろそかにできない。スピードと判断力が求められる。しかし、大橋は焦る様子は微塵《みじん》も見せない。表情はあくまで余裕を心がける。

披露宴が始まってから、食べられない食材があるお客様、アレルギーのあるお客様がいるとわかることもある。そうしたときも動揺せず、すかさず代わりのメニューを準備する。お客様が心から料理を楽しめるよう、とっさの判断をするのも大橋の役目である。

キッチンはパーティ会場に隣接。ガラス窓で仕切られただけのオープンキッチンゆえの気軽さか、お客様が厨房の出入口で厨房スタッフに話しかけてくることも多い。

「どんなに忙しい状況でも、料理に興味を持ち、話しかけてくださるお客様がいらっしゃるとすごくうれしいですね。自分できれいだな、と思いながら一生懸命した盛りつけに共感してくださるお客様からお声がけいただくと、認められた気持ちがするんです」

ブラスに就職したのは、料理もデザートも担当できる職場だったから。新郎新婦のために、世界に一つだけの大きなウェディングケーキを作れるのも魅力だった。普段食べる機会のない、フランス料理を学んでみたいという好奇心もあった。

既製品を温めるだけの式場もあるが、ブラスはソース一つからすべてが手作りだ。厨房はアットホームな雰囲気に満ちている。入社2年目にして、レシピ提案のチャンスがめぐってくることもあった。ある日、「一品考えてみて」と上司に言われ、コース料理の2皿目としてビュルゴー家の鴨肉とバニュルスワインを組み合わせたレシピを提案し、採用された。達成感を得た瞬間だった。

平日は、結婚式当日に向けた仕込みを行う。とくにソースは4、5日かけて作られる。

厨房の先輩とともに柳橋中央市場へ食材探しに行くことも珍しくない。新しい食材を見つけて試食させてもらうと、新たなアイディアがわいてくる。式場見学に来たカップルに出す料理も作る。この料理で、ここで式を挙げたいと決めていただけたら——。そう思いながら心を込めて全力で調理し、盛りつけにも工夫を凝らす。

休みの日は専門書を読み込み、気になるものがあればすぐに現場で試す。盛りつけは上司や姉妹店のシェフの真似をしながら、自分なりのアレンジを施してみる。SNSで素敵な盛りつけの写真を見つけて参考にすることもある。

「人と違う角度から攻める料理人を目指しています。見たことのある料理を作っても印象には残らないと思うんです。食材の組み合わせにしても、盛りつけにしても、絶えず挑戦してお客様を驚かせたいですね。そのためにも海外に行き、フレンチやイタリアンの本場で勉強もしてみたい」

二十歳のとき、大橋は12歳の頃に埋めたタイムカプセルを開封した。自分に宛てた手紙のなかに、こんな一文があった。「今の海宇はパティシエになっていますか?」。当時の自分が今の私を見たら、きっと満足してくれる。そう大橋は自信を持っている。

Story 2

ウェディングプランナーとともに結婚式を創る

「ドレスコーディネーター」という仕事

山田真未

Mami Yamada

ビードレッセ名古屋 副店長

1991年、愛知県生まれ。

名古屋学芸大学メディア造形学部ファッション造形学科卒業。

在学中、ルージュ:ブランのPJ(=アルバイト)を経験。

大学4年生のときはブラス初のドレスショップ『B.DRESSER(ビードレッセ)』と掛け持ちで働いた。新卒で同店に入社。

何十年後に見ても「心から愛せる花嫁姿」を創る

ブラスが運営するドレスショップ『ビードレッセ』で副店長を務める山田真未。ドレスの買い付け、来店客へのカウンセリング、セレクト、フィッティング（試着）、サイズ調整、ヘアセットやアクセサリーなどのコーディネートまで手がける。

「お客様のご希望に沿う百点満点のコーディネートができたときは達成感があります。『運命の一着に出逢えた』と喜んでいただけたら、これほどうれしいことはありません」

ドレスのフィッティングの際には、結婚する実感がわき上がり、感極まって泣き出す新婦も。そしてタキシード姿の新郎を見てまた涙……。こうした感動的な場に立ち会えるのがこの仕事の醍醐味だ、と山田は言う。

初来店時、ドレス姿のイメージをしっかり持っている新婦は少数派だ。そのため、新婦の雰囲気、顔立ち、体形の他、どんな式にしたいのか、どんな内容でどう進行するかなど、さまざまな観点からふさわしい衣装を提案する力が求められる。

ブラスの直営だからこそ、ブラスの会場や演出を熟知するスタッフが最適な衣装を提案できるのがビードレッセの強みだ。他店では「このドレスにはこの小物」とパターンが決められていることが多いが、ビードレッセは自由度が高い。新婦の希望をじっくりと聞き、それに寄り添うコーディネートを一から行っている。

難しいのは、お客様の不安にどう向き合うかだ。不安を口に出せないお客様もいるため、山田は何気ない雑談で出た言葉を聞き逃さず、試着時の目線や仕草も観察する。

ある新婦は、デコルテを気にする様子だったにもかかわらず、何も言わなかった。山田はオフショルダーのパーツをこっそり製作。コンプレックスを変に刺激しないよう、次の打ち合わせ時にさりげなく提案した。新婦は「実は気になっていたんです。安心して当日を迎えられます」と喜んだ。心配事を解消すれば信頼関係へとつながり、式への満足度も高まると山田は考えている。

プランナーと異なり、試着室という密室でコミュニケーションを取るコーディネーターは、お客様から相談を持ちかけられることも多い。聞き取った悩みや不安は担当プランナーにすぐさまフィードバック。式のプランニングも陰ながらサポートする。

業務は店舗での接客やフィッティングだけではない。コーディネーター自身が国内外へ買い付けに行けるのも、ビードレッセの特徴だ。行き先は京都、ミラノ、ニューヨークなど。海外では通訳を伴い、デザイナーのアトリエに自ら足を運ぶ。日本の結婚式や日本人の花嫁の体形に合うよう、調整をその場で依頼し、買い付ける。

さらに山田は大学での学びを生かし、オリジナルデザインのドレス製作も手がける。

「フィッティングのときに、コーディネートのアイディアがどんどん浮かぶような楽しいドレスが目標です。私のデザインにコーディネーターのセンスがプラスされ、お客様の満足のいく一着を完成させられたら素敵だなと思いながらデザインしています」

「心から愛せる花嫁姿を創る」。それが山田の目標だ。結婚式を挙げる時点での好みや流行だけでなく、普遍的な美しさを持つ古びないコーディネートを提案する。何十年か経って写真を見たとき、恥ずかしさを感じない、最高に美しい花嫁姿にして差し上げたい。担当数350件を超えた山田は、今日も「運命の一着」を花嫁と探し続ける。

想いを引き出すヒアリングで
新郎新婦と家族の絆をつなぐ

Chapter 3

柴田友美

Tomomi Shibata

ブルー：ブラン ウェディングプランナー

profile

愛知県生まれ。

名古屋ウェディング&ブライダル専門学校卒業。

高校時代、オランジュ：ベールで行われた恩師の結婚式に参列したことをきっかけに、ブラスのウェディングプランナーを目指す。

奇しくもハンドボール部のマネージャーとしてよく訪れていた体育館の近くにアージェントパルム（愛知県豊田市）があった。その前を通るときに結婚式の様子が見えるのを楽しみにしていたという。

就職活動ではブラス一本に絞って受験。

面接ではブラスのスタッフの気さくさ、親切さに感動し、涙を流したほど。

母娘の絆を確かめるヴェールダウンをあえて提案

「ヴェールダウンはしたくないんです」

ヨウコさんは言った。柴田友美がウェディングプランナーとして初めて担当した結婚式の、打ち合わせでのことだった。ヴェールダウンは通常、挙式の冒頭で母親が花嫁の顔にウェディングヴェールを下ろし、新郎の元へ送り出すシーンである。花嫁支度の総仕上げとなる、大切な儀式だ。それをしたくない、と新婦が言う。しかし、その言葉は彼女の本心ではなかった。

柴田がヒアリングを重ねていくと、ヨウコさんの発言の真意は、病を押して参列する母親への気遣いにあることがわかった。ヨウコさんとサトルさんが結婚を決めたのは、出逢って3か月目のこと。母親が参列できるうちに花嫁姿を見せたいと考えてのことだった。

車椅子の母親にヴェールダウンは難しいかもしれない。そもそも体調次第では、母親が式自体を欠席する可能性もある。それならばいっそのこと、ヴェールダウンなんてやらないほうがいいのではないか——。

母親の体調を一番に考え、ヴェールダウンを避けようとする新婦の気持ちが、柴田には痛いほどわかった。だからこそ、彼女はこう提案した。

「ヴェールダウンは必ずしもゲストの前でしなくてもいいと思いますよ。そうだ、ゲストのいらっしゃらない、ご家族だけの時間をつくってやってみませんか？」

するとと花嫁は応じた。

「いいんですか？　それなら、絶対にやりたいです」

当日、柴田は新郎新婦とその家族に向けてヴェールダウンの儀式について説明した。この儀式をする意味。式の直前まで新婦が悩んでいたこと。だからこそ今日、家族だけの時間、家族だけの空間でヴェールダウンを行う意味があるのだ、と。

幼い頃、ヨウコさんの髪を結び、洋服を着替えさせてくれたやさしい母の手。その手が今日は新婦の顔に、そっとヴェールを下ろす。ぎこちないながらも丁寧な手つきだった。母娘がともに過ごした時間を振り返り、嚙み締めるような、濃密な時間が流れた。

「私もその場に立ち会いましたが、すごくいい時間でした。ヨウコさんは目に涙をためておられて、新郎のサトルさんも泣かれていました」

柴田がこうした提案をできたのは、新郎新婦が一番大切にしたいものをきちんと把握していたからだ。出会いから間もないふたりは、結婚式の準備を通して初めての喧嘩《けんか》をし、意見を言い合い、お互いのことをより深く知ることとなった。柴田はそんなふたりのやりとりから共通点を見つけ、それをもとに、この式のテーマを決めていた。

「お話を伺っていくと、おふたりが過去に大事にしていた時間と、今のおふたりが自然と大事にしている時間が同じだと気づいたんです。それは家族や友人とのだんらんの時間でした。結婚式のテーマを季節のイベントや好きな色から考えるのもいいのですが、私はこのおふたりの雰囲気を大事にしてはどうかと考え、式のテーマを『だんらん』にしたんです」

その言葉どおり、柴田は派手な演出よりも新郎新婦と家族の時間を優先するプランを練り上げ、成功させた。式をおえた今でも、ふたりの彼女に対する信頼は厚い。子どもの誕生後はことあるごとにブルー：ブランを訪ね、成長を見せに来てくれる。近く完成するふたりの新居にも招かれるほど、今でも親密な関係が続いている。

事情をかかえるご家族の想いをくみ、絆をつなぐ

このように、柴田は綿密なヒアリングに基づいたプランニングを得意としている。それゆえか、家族関係に複雑な事情をかかえるお客様を担当することが多い。

たとえば、父親との折り合いがよくない新郎、トモヤさんの式を担当したときのこと。

「昔は父親とよくキャッチボールをした、今でも車にボールとグローブを積んでいる」という彼の話を柴田は聞き逃さなかった。

新郎新婦との打ち合わせで決めた進行にはなかったが、男性プランナーに式当日の朝、グローブを一つ持ってきてもらうように頼んだ。そして挙式前に家族だけで過ごす家族対面の時間に、新郎と父親とのキャッチボールを提案した。トモヤさんは少し戸惑いながらも承諾。父親との久しぶりのキャッチボールが実現した。

「あの時間を取ってよかったです。プランナーとお客様の間にはベストな距離感はあると思いますが、この場合は私が背中を押してあげたほうがいい、それが私のいる意味だ、と思って。結果、とても喜んでいただけました。本当に実現できてよかったと思いましたね」

そんな柴田でも正直、すべてのお客様が最初から心を開いてくれるわけではない。それでも絶対に、その方のことを自分から好きになろうとしている。見返りを求めず、お客様のことを大好きだという気持ちを言葉にするよう、柴田は心がける。そのひたむきな姿に、人見知りするタイプのお客様が心を開くこともたびたびあった。

新郎のヨシヒコさんもそんな一人だった。打ち合わせは新婦のマリコさんに任せきり。黙ったまま、柴田と目を合わせることはなかった。帰り際、「安心してお任せくださいね」と言って握手を求めても、手を差し出してはくれなかった。毎回の打ち合わせでは「ここに来るのはちょっと気が重いなぁ」「早く終わってほしいなぁ」とつぶやいていた。

それでも柴田はめげず、ヨシヒコさんに話しかけた。そうして少しずつ言葉を交わすうちに、表面には出さないが彼が新婦を大好きであること、プロポーズで『美女と野獣』に登場するガラスのドームに入ったバラを贈るロマンチックな人であることがわかった。

「ヨシヒコさんとふたりのときに、マリコさんへのサプライズを提案したこともありました。マリコさんがどうすれば喜ぶか、一緒にプランを練るうちに、『僕の大切な人のことをこんなに考えてくれている』と信頼してくださったのかもしれません。結婚式は花嫁だけが前面に出ればいいものではないと思っています。なんとしても、ヨシヒコさんにとってもいい時間にしたかったんです」

結婚式の最中、柴田は耳を疑った。ヨシヒコさんが彼女に「今日はすごく楽しい」と言ってくれたのだ。終了後、ヨシヒコさんは柴田に向かって、笑顔で両手を広げた。

「お会いした当初は握手もしてくださらなかったのに、スタッフのみんなが見ている前で、私を抱きしめてくれたんです。新婦のマリコさんに『ごめんなさい！』といってヨシヒコさんの胸に飛び込みました。マリコさんも『どうぞ、友ちゃん』と笑顔で言ってくださって。心を開いてくれた瞬間のうれしさといったらなかったです。後日いただいたマリコさんからのお手紙に『僕が一番輝けた日だった』とヨシヒコさんが言っていた、とあって、またうれしくなって」

大好きな人だからこそ
その人のために何かしてあげたい

家族とのあいだにわだかまりを抱えるお客様、複雑な事情を持つお客様の心を開かせる柴田が、心がけているスタンスがある。

「お客様のことを大好きと思う気持ちです。たぶん、私の長所は人を好きになること。最初は心を開いていただけなくても、相手のいいところを見つける。ヨシヒコさんもそうでしたが、お客様の素敵な面を見つけられると、この人のために何かしてあげたい！と強く思えるんです」

柴田の結婚式は派手な演出というより、小さな心くばりと工夫の地道な積み重ねで創られる。新郎新婦や家族の心の機微を感じ取り、それを式の流れのなかで表現していくのだ。彼女の心くばりと工夫によって、当人たちの想いが具体的な言葉や行動となって表れる。それが長年の溝を埋め、家族の絆を再確認させることにつながっていく。

「こうした工夫は当日に思いつくことも多いのですが、当日に進行を変えるのはリスキーです。時間は押すし、スタッフに迷惑をかけることもしばしば。でも、その5分間には大きな価値があると思います。たった5分でも新郎新婦のなかで何かが変わるならギリギリまで粘りたい。チームの支えと信頼関係があるからこそ、できることです」

彼女の目指す、結婚式の姿がある。

「お互いがお互いを選んでよかったと、おふたりにあらためて確信してもらえる日にしたいなと常に考えています。手を取り合うときのぬくもりだったり、当日の緊張をほぐすときの抱きしめ合う瞬間だったり、親御さんと過ごす時間だったり、そういう時間をもっともっと大事にしてもらえる結婚式を創れるようになりたいですね」

Chapter 3
柴田友美
Tomomi Shibata

Question
現役ウェディングプランナーに聞いた

「式当日、必ず身につけているものは?」

ハンカチ

「白いハンカチを持っています。新婦さんが泣いたときに差し出せるし、自分が泣いちゃったときも使えるんですが、お客様や後輩からもらった大切なものなので「お守り」という意味も強いですね」（塩田圭織）

「『タオルハンカチなどではなく、大人が持つハンカチを持ちなさい。新郎新婦やゲストを守るものだから、いつでも差し出せるようにアイロンをかけてきれいな状態にしておきなさい』——〝ハンカチの伝道師〟と言われた上司からそう言われ、ずっと守っています。私も若いプランナーがデビューするときには、ちょっと大人っぽいハンカチをプレゼントしています」（鈴木温子）

先輩からプレゼントされたペン

「プランナーとしてデビューする前日、先輩から真珠があしらわれたペンをいただいたんです。『トモはこれで、これからたくさんのお客様を幸せにするんだよ』って。担当する式当日はもちろん、新規接客のときなど、大切な場面では必ず持っています。先輩に見守られているようで安心するんです」（柴田友美）

カイロ

「冬場はカイロを持っています。新婦のドレスがオフショルダーだったりすると、入場の扉が開くまでの待ち時間に肩が冷えてしまうので、当ててあげるんです」（田端亜希子）

「結婚式が誰よりも好き」
その想いで自分にしかできない式を

Chapter 4

高田桃子

Momoko Takada

ルージュ：ブラン　副支配人

profile

1992年、愛知県江南市生まれ。

愛知淑徳大学卒業後、ブラス10期生として入社。

友人の結婚式に参列し、初めてウェディングプランナーという職業を知る。

週5日働くのに、「つらい」「嫌だ」という気持ちで働きたくない、笑顔で働ける仕事をしたいと考え、プランナーを志す。

友人のアドバイスでブラスの会社説明会に参加。

会社のブラスバンド部が演奏し、驚きと感動、笑顔に満ちた説明会ですっかりブラスに魅了される。

2018年、ルージュ：ブランの副支配人となる。

苦手を克服するために「共感ポイント」をできるだけ多くつくる

ウェディングプランナーといえば、コミュニケーション力に長けた接客のプロをイメージする。ところが、高田桃子は新規のお客様の接客が苦手だった。初対面の人と何を話していいか、わからなかったのだ。

「学生時代は4年間アパレルでアルバイトしていましたし、もともと、人と話をするのは好きでした。なのに新規接客となると、頭が真っ白になってしまって」

彼女が働く式場、ルージュ：ブランには、新規接客にかけて社内一、二の営業力を評価されているスタッフがいる。そんな同僚と比較して自分を卑下し、苦しんだ時期もあった。そこで高田はまず、お客様との「共感ポイント」をたくさんつくることにした。

「さまざまなジャンルの映画、ドラマ、今話題になっている情報に敏感であろうと努力しています。もちろん、おふたりは結婚式のご相談にいらっしゃっているのですが、それ以外でも共感できるポイントを見つけ出せたら、一層心を許していただけるかなと。以前は関心のなかったお笑いや音楽の番組、普段なら見ないテーマのドラマも毎週予約して、休日にまとめてチェックします。自分の知らないことはすぐに調べるようにもしていますね」

今では話題の引き出しが増え、初対面のお客様とも自然に話せるようになった。高田はさらに、同じことを仲間に対しても心がけている。

「結婚式は一人では創れないものです。だからこそ、一緒に働く仲間が何に関心があるかを知るのも大事だと思っています。不得手なテーマのときに助けてもらったり、相談したりできますから。今は支配人の好きな大河ドラマを毎週見てるんですよ（笑）」

こうした努力に加え、必要以上に「新規」や「営業」というキーワードを意識しすぎないようにもした。

「新規接客ではなく、『いい結婚式を創るための、おふたりとの一回目の打ち合わせなんだ』と意識を変えてみました。そうしたら、おふたりへの想いを素直に伝えながら、結婚式って楽しいんですよというお話を自然とできるようになりました」

高田が楽しんで接客できるようになると、その気持ちはお客様にも伝わっていく。担当の式数は増え、いつしか新規接客への苦手意識はすっかり消えていた。

負けず嫌いゆえに人と比較しすぎていた2年目

できないことがあると、努力してそれを補ってきた。高田は元来、負けず嫌いな性格だ。しかし、完璧を目指すがゆえに、人と比較しすぎて自信を失うこともあった。

「入社2年目で壁にぶち当たりました。あの子はたくさん担当案件を持っているのに自分は少ない、あの子には接客の力があるのに私にはない、とネガティブに考えてしまって。そんなとき、当時憧れていた女性の先輩からアドバイスをもらったんです。『桃は結婚式が誰よりも好きだと自信を持って言えるんでしょ？　できないことではなく、長所を伸ばしていくようにしたら？』って」

それからは長所を伸ばそうと心がけた。高田は、式を担当させてもらえることに対する感謝、新郎新婦への想いを伝えることをとくに大切にしている。式前日や当日にも伝えるが、まず成約後に必ず手紙を書く。これは会社のルールではなく、高田独自の工夫だ。丁寧な手紙を書くのは労力がかかる。それでも彼女は地道に続けている。

「ともに結婚式を創る第一歩として始めました。いつから始めたか、もう覚えていないほど長く続けています。テンプレートはなく、毎回おふたりに合わせた内容で、便箋3枚ぐらいでまとめます。ルージュ：ブランや私を選んでくださったことに対する感謝、当日まで一緒に頑張っていきましょう、不安なことはまず私に相談してくださいね、といったことをお伝えするんです」

そして最終打ち合わせのときにも手紙を渡す。今まで私に任せてくれてありがとう。一緒に当日も楽しみましょう――そんな気持ちを込める。

プランナーは自分の仕事に誇りを持っているからこそ、ときに自分の想いをつい熱く語りすぎてしまう。ただ、いきすぎると押しつけになりかねない。高田は意識して、新郎新婦の話に耳を傾けるように気をつけている。

「おふたりが何を必要としているのか、何を求めているのかを聞き出せる質問を投げかけます。一方で、私の率直な想いもお伝えしなければ本音をお話しいただけません。最近、ようやくその兼ね合いを考えながら接客できるようになってきました」

「おふたりを担当したい」成約を引き寄せた強い気持ち

印象に残っているのは、マサヒコさんとミキさんの結婚式だ。

ふたりは式場見学の一か所目にルージュ：ブランを選んでくれた。スタッフも式場も気に入ってくれたが、即決はしなかった。「荘厳な雰囲気の大聖堂」での挙式を希望していたからだ。ルージュ：ブランにはチャペルはあっても、「荘厳な雰囲気の大聖堂」はない。そこが弱みだったが、高田は諦めなかった。

「ミキさんからお電話をいただいたんです。大聖堂のある、別の式場に決めたい気持ちになっているけど、桃ちゃんのこともルージュ：ブランのことも忘れられない、と。それなら、私に会いにもう一度来ていただけませんか？　とお話ししました」

再度、足を運んでくれたふたり。高田はルージュ：ブランでしか叶わない結婚式についてあらためて丁寧に説明した。人と人との心が通い合うアットホームな雰囲気のチャペルが自慢であること。パーティスペースに自然光が差し込むときの美しさ。ノスタルジックな赤レンガの小道があるガーデンに、四季折々の花が咲き誇るさま……。他のスタッフもふたりを温かく迎え、シェフも心を込めた料理でもてなした。

ふたりは高田と同じ、江南市出身だった。「故郷が同じ、素敵なおふたりの式をどうしてもお手伝いしたい」と無我夢中で伝えた想いが通じ、ふたりはついにルージュ：ブランを選んでくれた。

一生に一度の結婚式を理想的なものにしたい新郎新婦にとっては、式場のハード面は無視できない大きな要素だ。しかし、ふたりはプランナーやスタッフの結婚式に対する想いに共感してくれた。コミュニケーションを取っていて楽しいプランナー、気持ちよく迎えてくれるスタッフと式を創り上げていくことを望んだのだ。

ブラスの打ち合わせは約2時間が標準だ。ところがマサヒコさんとミキさんとの打ち合わせでは、話が盛り上がって、気づいたらあっという間に4時間経っていることもあった。そんな仲良しの友人のような関係から、思いがけない演出も生まれた。ダンスを踊りたいと言う新婦のパートナーを、高田が務めたのだ。新郎がダンスを踊るのを嫌がったため、新婦からリクエストされた。「桃ちゃんが踊ってくれたらうれしい」との言葉に、自分のキャラではないと戸惑いながらも懸命に練習し、新婦の期待に見事応えた。

高田の頑張りに、新郎も刺激された。「特別なことはしたくない」と言っていたにもかかわらず、手作りの名入り包丁を新婦にプレゼントしたい、と相談してくれたのだ。

自分も何かしたいと思い直した彼に、高田は胸が熱くなった。プランナーの声かけや働きかけ次第で、新郎新婦の心は一層通い合うのだ。最初の打ち合わせから式当日までのすべてを担当する「一貫制」だからこそ味わえる、プランナーの醍醐味《だいごみ》だった。

自分だからこそできる、自分にしかできないプランニングを追求

高田は入社したばかりの頃、新郎新婦の希望を引き出して当日のプランにどう落とし込むかばかりを考えていた。だが、経験を積むにつれ、「自分がいる意味」をより追求するようになったと語る。

「先日、回転寿司店でロボットの接客を見たのですが、いつかプランナーがロボットに取って代わられる時代が来るかもと衝撃を受けて。他の人ではなく、高田桃子が担当するからこそ生まれるプランニングを追求したい。『あなたがそう言うならやってみる』と思っ

ていただけるような信頼関係を築いてご提案するのも大切だと思っています」

結婚式の流れや一つひとつのプログラム。その理由はとくに意識されることなく形式的に行われていることも多いが、そこには必ず意味がある。そのことを、以前にも増して自分の言葉で丁寧に伝えるようになった。

パーティだけでなく、挙式をより大切にできるようにもなった。すべての新郎新婦に対して後悔のないよう、自分のできることすべてを全力で行い、新郎新婦と家族の心が通い合う温かい時間をつくることを目指している。

「たとえば、バージンロードはおふたりが今まで歩んできた人生を意味します。そのことを花嫁とともに歩くお父様だけでなく、お母様にも伝えるのです。お父様の意識も変わりますし、花嫁とお父様を見守るお母様の想いも一層深くなる。バージンロードを歩くわずか数十秒が、新郎新婦とご家族にとってより意味あるものにできたら……」

入社1年目はネガティブで弱音ばかり吐いていた。今は学生時代の友人と会うと「毎日楽しそうだね」と言われる。

「友人たちは仕事の話はあまりしてくれませんが、私は仕事のことを楽しく話せます。生き生きしているとよく言われますね。副支配人の立場になりましたので、これからは自分のやりたいことだけでなく、後輩が輝けるようなチャンスを積極的につくっていきたい、後輩の一番の味方でいたいと考えています」

Story 3

ウェディングプランナーとともに結婚式を創る
「サービス」という仕事

城口　亨

Ryo Shiroguchi

本社 ウェディング事業本部 サービス支援室 室長

愛媛県生まれ。
前職での豊富なサービス経験を生かし、ブラス入社。
当時、唯一レストラン営業をしていた店舗の副支配人を経て本社へ。
全社のサービス品質向上のため、
社員教育に携わりながらサービスの現場にも立つ。

小さな気遣いの積み重ねで大きな満足につなげていく

「少し緊張されているかな……」。披露宴冒頭から水をゴクゴクと飲むゲストを見て、城口亨はそう思った。進行表と席次表で確認すると、スピーチを任されている人だった。緊張するから喉が渇くのかもしれない。城口はそっと近づき、水を継ぎ足しながら話しかける。「お注《つ》ぎしますね。今日は暑いですものね」「これからスピーチなんですよ。すごく緊張していて」。緊張している、と口に出したことがよかったようだ。これだけのやりとりで、ゲストの表情がみるみる明るくなった。

喫茶店、バー、結婚式まで手がけるレストラン、料亭などで25年以上にわたり接客の現場を担当し、店長や支配人も務めてきた城口。若者から社会的地位の高い年配のお客様まで担当し、客層に合わせた距離感のつかみ方を学んできた、サービスのスペシャリストだ。

「サービスというのは、本当に小さな気遣いの積み重ねなんです。どんなお客様がどういう心理で来ていらっしゃるか、そこまで考えて接客をする。この気遣いの有無で満足度は大きく変わります。皆様に、本当に楽しかった、プラスの結婚式に出てよかったと感じてほしい。毎回同じことのように見えても、ゲストの顔ぶれ、ゲストとホストの関係性によってサービスのアプローチは変わりますし、実際変えているのです」

結婚式では、新郎新婦と両家に代わってゲストをもてなす気持ちを大切にし、両家の父母も式を楽しめる雰囲気づくりを心がける。親がゲストに対して気を遣いすぎたり、やたらお酌をして回ったりすると場が落ち着かなくなる。新郎新婦に注目してほしい時間帯が終わってから「ご挨拶に行かれるといいですよ」と案内するなどして親のケアもする。料理や飲み物を出すだけがサービスの仕事ではないのだ。

さまざまな背景を持つゲスト全員に満足してもらうことにも気を配る。純粋に食事を楽しむレストランとは違い、結婚式に来る人の心理状態は千差万別だ。陽気な人、緊張している人、不安な人、悩みや複雑な心情を抱えつつ参列する人——。その人が何を望んでいるかを考え、ときには外見から性格を予想してそれに合わせた接客を行う。ぴたっとはまるとゲストは喜び、自分もやりがいを感じる。接客の方向性が間違っていたとしても経験は増えるため、次に生かすことができる。

「大勢の方にお会いすると、多様な価値観に触れることができます。価値観は時代の変遷とともに変わりますから、サービスのあり方も変えていく必要がある。勉強になりますよ。ときにはお叱りもいただきますが、学びがあれば成長し続けられる。だから何十年とサービスをやっていても、この仕事は辞められないんです」

結婚式のサービス係は、一般的に派遣が多い。しかしブラスは、自社スタッフによるサービスを貫く。新郎新婦の想いが乗ったサービスを重視しているからだ。ブラスでは一人のプランナーが初回の打ち合わせから式当日まで担当するため、式当日の朝礼で新郎新婦の情報や式のこだわり、プランナーの意気込みをスタッフと共有し、想いを一層込めることができる。これが自社でサービスを行う利点だと城口は思っている。

血の通った接客はブラスウェディングの宣伝のチャンスでもある。ゲストが満足すれば評判を口コミで広めてくれるかもしれない。だから、サービス係は広報担当でもあり、ブラスのブランドそのものなのだ。そんな想いで、今日も城口は現場に立つ。

Story 4

ウェディングプランナーとともに結婚式を創る

「料理長」という仕事

白川隆造

Ryuzou Shirakawa

ミエルシトロン 料理長

1984年、愛知県生まれ。
名古屋市のホテル、結婚式場を経てブラスに中途入社。
ブルーレマン名古屋とラピスアジュールの立ち上げに携わる。
入社3年後の2016年、ミエルシトロンの料理長に抜擢される。

料理の追求とプレゼン力で結婚式を盛り上げる

牛すじや豚モツなどを甘辛い八丁味噌で煮込んだ、名古屋名物・どて煮。それをご飯にかけた「どて飯」が運ばれると、テーブルから歓声が上がった。「懐かしい!」「この味だ」と口々に言い合うゲスト。新郎が所属していたラグビー部の仲間たちだった。

ミエルシトロンの料理長、白川隆造が作ったのは、新郎と仲間たちがラグビーの練習帰りに食べていた、駄菓子屋のどて飯。あの味をかつての仲間にふるまいたいという新郎のリクエストで、思い出のどて飯を再現することになった。試作と試食を繰り返してようやく目指す味に近づいた。披露宴終了後、「たしかにあの味でした」と新郎やゲストから反応をもらった。白川の苦労が吹き飛んだ瞬間だった。

「プラスでは自分が作りたい料理もできますし、お客様がやりたいことを実現するやりがいもある。ときには難しい要望もありますが、料理をお出ししたときに、その仕事の答えがリアルに返ってくる。だから面白い」

新郎新婦の祖父母などが農作物を栽培しており、それを使った料理をオーダーされることも多い。これまでには米・里芋・玉ねぎなどを披露宴の料理に仕立てた。新婦が新郎に初めて作った、思い出のオムライスを再現したこともある。

白川はかつてホテルの厨房で働いていた。一日の宴会・挙式数は数十件に上る。週に2000～3000人分の料理を流れ作業で仕上げる。包丁にも触れない。誰にどんな席で食べられる料理かも知らされないまま、盛り込みなどの作業に追われる日々だった。

その後、白川はブラスに転職する。当時ブルーレマン名古屋の料理長だった丹羽《にわ》孝光シェフと出会い、自分の料理が「深くなった」と感じた。手順は一見同じだが、火入れの具合やちょっとした隠し味で劇的に食感・味が変わる。技術を追求すれば料理にこれだけの差が出ると、料理の奥深さを知った。以前の職場にも料理を愛し、極めようとする人が多くいたが、食材や時間の制限で現実には無理だった。ブラスでは料理そのものを追求できる。使う食材やレシピは自由。チャレンジも許された。この自由度がブラスで働く魅力であり、成長の糧だったと振り返る。

ブラスでは、誰のために作る料理かを把握した上で仕事が始まる。料理には腕だけでなく「想い」が大切だと白川は考える。母親の作る料理がおいしいのは、子を想う気持ちがこもっているから。結婚式の料理にも、そんな「想い」が欠かせない。お客様は高額な費用をかけて、大切なゲストに感謝の気持ちが伝わる料理、一生の思い出として残る料理を求めている。絶対に妥協せず、新郎新婦への想いを込めて料理をすると肝に銘じている。

「料理人の仕事はここまで、と枠を決めたくない。プランナーと協力しなければ結果が出ないのが僕らの仕事です。料理だけしていればいいという考えでは最高の結婚式は創れません。僕らの店舗では厨房の新入社員も名刺を持ち、必ずお客様に挨拶します。僕も、これはこんなにいいお肉なんですよ、というようにお客様にワクワク感を持たせるプレゼンを心がけています。レストランと違い、結婚式場はおふたりを祝福するための料理です。だから結婚式の料理人にはプレゼン力も必要だと思っています」

少人数の式ではゲストの目の前で料理を仕上げ、その場でメニュー紹介をすることもある。料理を通じて結婚式を盛り上げ、最終的には会社の利益にもつながるように仕事をしたい。自分がトップを務めるからには結果を出す。そう白川は決意している。

男性プランナーならではの感性を生かし、チームワークで創る結婚式

Chapter 5

加藤敬士

Takashi Kato

ラピスコライユ 支配人

profile

1991年、愛知県生まれ。

日本福祉大学卒業後、ブラス10期生として入社。

ブルー：ブランへ配属される。

学生時代、コンビニエンスストアと飛騨牛の牧場でのアルバイトを掛け持ち。

就職活動を前に、人の一生に残る思い出を一緒につくれる職業をと考え、初めはツアーコンダクターを志すが、ツアコンは派遣やフリーランスが多いと知り、ウェディング業界に志望を切り替える。

ブラスの説明会で新入社員のプランナーデビューの映像に感動し、落涙。

「人生で最高の思い出をつくれる職場」と感じ、ブラスへの就職を決断。

2016年、ラピスコライユへ異動。

2018年、支配人となる。

チーム全員でいい結婚式を創り上げるために

新郎新婦の入場3分前。約3時間にわたる披露宴がいよいよ幕を開ける。おふたりにとって、今日は一生に一度の晴れの日。失敗は許されない。スタッフたちの顔は真剣そのものだ。緊張がみなぎり、こわばった表情の新人もいる。

そのとき、インカムが入った。スタッフ全員の耳に、加藤敬士の声が届く。

「もうすぐ新郎新婦ご入場です！　今日はおふたりを絶対に幸せにしたいから、みんなよろしくね!!」

イヤフォンから聞こえてくる加藤の底抜けに明るい声に、スタッフたちの表情が思わず緩む。おふたりを笑顔でお迎えしよう。みんなの思い出に残る、素晴らしい一日にしよう。スタッフ全員の気持ちが、このとき、一つにまとまった。

加藤は担当する結婚式の本番で、インカムをめいっぱい活用する。単なる業務連絡の域を超えた彼の「インカム使い」はスタッフの気持ちを盛り上げ、一体感を生み出す。加藤は、ゲストの反応を伝える発信を、「表情のインカム」と呼んでいる。

「カメラマンさん！　今、新婦のお父さんがいい表情なんで絶対撮ってほしいです！」
「シェフ、メインのお料理、すごく評判がいいですよ！」
「やっぱ天才だねぇ、今の曲のタイミング、バッチリ！　次も頼むよ〜！」

インカムはプランナー、厨房スタッフ、サービススタッフ、カメラマンやヘアメイクといった外部パートナーなど、式に関わるすべてのスタッフが装着しているものだ。

「全員につながっているからこそ、自分の感情に任せて発信しないよう、声のトーンや言葉遣いには気をつけています。インカムは、スタッフみんなの気持ちを同じ方向に持っていくのに欠かせません。僕の発信で肩の力が抜けて、口角がちょっとでも上がってくれたらうれしいですね」

加藤はチームワークを何よりも大切にしている。ブラスのスタッフだけでなく、カメラマン、ヘアメイク、フローリストといった外部パートナーとも式のコンセプトを共有しなければ、いい結婚式は創れない。だから情報の共有にはとくに時間をかける。

「月曜日に次の結婚式に関するファックスを外部パートナーさんに送るのですが、文字が多すぎて読めないと言われるぐらい、伝えたい情報を書き込んでいます。新郎新婦のお人柄、ゲストの顔ぶれ、式のテーマ、コンセプト……。おふたりにも、カメラマンさん、ヘアメイクさんはこんな人だよと前もってお話ししておきます。そうすると信頼関係もつくりやすくて、何でも気軽に相談できるぐらい仲良しになってくれますね。結婚式の日を全員が心待ちにするような巻き込み方を心がけています」

加藤がスタッフとのチームワークを重視するのは、初めて配属されたブルー∴ブランの影響が大きい。初出勤の日、店舗の仲間からのウェルカムメッセージがロッカーに貼ってあった。その後も新しい仕事や役割を経験する節目節目で手紙や手書きメッセージ付きの差し入れをもらってきた。音響台に『頑張ってね』と付箋が貼ってあったこともある。

「新しいことにチャレンジするタイミングで、上司や先輩、同僚が必ず手紙やメッセージをくれる店舗だったんです。不安な僕の背中を支えて押してくれるような、手を引っ張ってくれるような内容で、それがとてもうれしくて、いつも励まされていました。結婚式って一人じゃないんだ、みんなで創り上げていくんだと感じましたね」

ロマンチストの新郎に寄り添い新婦にも共感できるプランナー

加藤は幼い頃から、人を喜ばせるのが好きだったと言う。両親と祖母との4人暮らし。一人っ子だったため、僕が家の中を明るくしたい、僕がみんなを喜ばせなきゃという気持ちがいつもあった。

就職活動でも人の喜ぶところを見たい、お客様と一緒に思い出をつくる仕事はないかと探し、結婚式場の仕事はどうだろう、と思いついた。

「両親は僕が中3のときに離婚したんですが、母が結婚式の写真をタンスの上に飾っていたのを思い出して。就職活動にあたって当時のことを聞いたら、『結婚式は幸せだったな』って遠い目をして言うんです。そのときの表情がすごくよくて……。結婚式は、その後の人生にも影響を与えるものなんだなと思いましたね」

ウェディングプランナーは女性が大多数を占める。だが、加藤は男性がプランナーをすることに関してまったく抵抗感はない。

「むしろ、男性のプランナーって格好いいなと思いました。プラスの会社説明会で見た男性の先輩たちはスーツ姿に気品があって、あんなふうになりたいと憧れました」

また、男性ならではの感性はプランナーとしての自分の強みだと考えている。

「僕は友人から『ポエマー』と呼ばれるぐらいなので（笑）、ロマンチストの新郎にとくに共感できるんです。映画の名セリフや名言も好きで、職場でも先輩からいい言葉を聞くとすぐにメモしていました。入社1年でメモ帳10冊ぐらいになったでしょうか。ロマンチックな演出、雰囲気のつくり方は得意で、自信があります。どちらかというと派手なものより、見た人の気持ちがあったかくなるようなシーンづくりが好きですね」

加藤が得意な演出に、手紙を生かした「ファーストミート」がある。結婚式当日、新郎新婦がそれぞれの部屋で身支度をした後、初めてお互いの姿を見せ合うシーンだ。

「打ち合わせのときに、新郎新婦にお互いの好きなところを3つずつ書いてもらうんです。でも、その場では見せずに僕が預かっておきます。当日、ファーストミートのときにそれを読んでもらうんです。式の直前にお互いの手紙を読んでからスタートするときもあります。大げさな演出ではないんですが、じーんとくるんですよね」

だが、男性である加藤にとって難しいこともあった。それは新婦にどれだけ共感できるか、ということ。結婚式の主役は新郎新婦のふたりとはいえ、やはり新婦のこだわりは大きい場合が多く、絶対に無視はできない。新郎と新婦、同じように共感できなければプランナーとしては不十分なのだ。

「たとえば、僕にネイルやメイク、ヘアスタイルの知識がなければ、新婦さんは僕に相談するのをためらってしまいますし、本心を話してくれない。でもそれではダメだと。男性でもそうした知識を身につけるべき、新婦さんに共感できないプランナーは意味がないと先輩から言われて、化粧品売場を回ったり、雑誌を見て調べたりしましたね。研修以外でもドレスショップに足を運んで、ウェディングドレスや和装を研究しました」

新婦にもっと寄り添おうと、自身の身だしなみや振る舞いにも気を配るようになった。髪型は短くしすぎず、ふわっとしたシルエットで男性っぽさを和らげる。言葉遣いにも気をつけている。

結婚式の一日だけでなく、新郎新婦の絆を深める存在に

プランナーのやりがいは、人によって結婚式がまったく違うことだと加藤は言う。

「僕は飽き性なのですが、この仕事はまったく飽きません。人によってそれまで歩んできた人生も、望む結婚式もまったく違います。たくさん話を聞き、おふたりにとってのいい結婚式のあり方を新郎新婦と3人で考えていく。シナリオのない状態からオリジナルのストーリーを創り上げていく。それが一番のやりがいですね」

結婚式の本番と準備期間は同じぐらい大事と考える加藤は、ヒアリングにじっくり時間をかける。その内容は「結婚式で何をしたいか」だけにとどまらない。一見すると結婚式とは何の関係もなさそうな、人生におけるターニングポイントや、これまでにぶつかった壁についてもとことん聞き出していく。それは結婚式のプランニングをするためだけではない、と言う。

「結婚式はこれまでのことを振り返る、いいポイントだと思うんです。過去と未来の中間にあるのが結婚式ですよね。未来はこれからふたりでつくっていくわけだから、過去の部分をたくさん知ったほうがいいと思っています。僕が質問することによって今までの人生を思い出したり、考えたりしてもらう。それを新郎新婦がお互いに聞いて、さらに理解を深め、お互いをより好きになってもらう。プランニングをする僕のためのヒアリングでなく、おふたりの未来につなげていくヒアリング。それが準備期間で僕が最も大切にしていることです。それにおふたりの人生をひもとくなかで、式に出席するゲストのことも知ることができるので、当日お会いするのが楽しみになります」

晴れの日となる一日だけでなく、夫婦となるふたりとその家族同士の縁や絆を深め、永続させるお手伝いをする。そんな存在でありたいと、加藤は考えている。しかし何といっても、プランナーとしての面白さは結婚式当日にあると感じている。

「考えてきたことがようやく形になる日だから、やっぱり本番は面白いですね。式中は、進行表を超えるいいシーンをつくろうと意識しています。それに結婚式って、思ってもみなかったようなことや奇跡が起こるんですよ。家族にありがとうと言えなかった新郎がその言葉を口にしたり、半身不随で話しづらいお父様が『自分の言葉で感謝を伝えたい』と予定外の挨拶をしてくださったり。だから結婚式って、大好きなんです」

支配人に就任してからは、プランナー業務だけでなく、営業数字の管理や部下の指導など幅広い役割をこなすようになった。しかし、自分が入社した頃から背中を追いかけている先輩にはまだ追いつけていない。結婚式を担当しても「文句なしの百点満点！」とはいかず、毎回悔しい思いが残る。でも、それでいい。満足してはダメだ、と思っている。

「目標は変わらず『いい結婚式を創り続ける』こと。この世界に飛び込んできた頃と変わらず、いつまでも結婚式を好きでいたいし、大切にしていきたい。自分だけでなく、メンバーもそうでいられるように、店舗づくりに力を注いでいきます」

Story 5

母になっても、ウェディングプランナーとして現場に立ち続ける

藤本恵美子

Emiko Fujimoto

ミエルシトロン ウェディングプランナー

1983年、三重県生まれ。

プラス2期生として入社し、13年以上にわたり勤務。

3店舗を異動して副支配人まで務めたのち結婚し、産休を取得。

育休後は本社勤務、店舗の庶務スタッフなどさまざまな働き方の選択肢があるなかで、ウェディングプランナーとして現場に復帰する道を選んだ。

育休から復職後もプランナーを継続。育児と仕事を両立するロールモデルとして

「絶対にプランナーとして復帰しよう」と強く思っていたわけではなかった。しかし産休中、店舗のブログを読んだり後輩の話を聞いたりするうちに、結婚式を創る現場に戻りたいという想いがふつふつとわいてきた。

ウェディングプランナーの藤本恵美子は育休後、再びプランナーとして職場復帰した。新郎新婦が仕事を終えた夜の打ち合わせも多く、式はほとんどが土日祝日である。それに合わせなければならないプランナーは、肉体的にも精神的にもハードだ。子育てとの両立となるとハードルはいっそう上がる。それでも藤本は現場復帰を選んだ。

「復帰直前、知り合いの式のお手伝いをする機会があったんです。そのときに、ああ、やっぱり結婚式っていいな、現場っていいな、と感じて。両立できるか不安でギリギリまで迷いましたが、プランナーとして復帰しようと決めました」

結婚・出産を経験し、妊娠中の新婦、幼い子どものいる新婦にさらに寄り添えるようになったと感じている。体調が不安定な新婦に自分の経験を話して安心させる。育児に手がかからなくなる時期を考えて式の日程を提案したり、授乳時間を考慮して式当日のお支度の時間を多めに取ったりと、新婦の不安を解消するよう心がけている。

式当日は、両家の親にも気を配る。自分の結婚式のとき、両親がとても緊張していた。その経験をもとに、親も安心して式に臨めるよう、よりいっそうケアするようになった。どのテーブルにどんな友人が座っているかを事前に親に伝えるよう、新郎新婦にアドバイス。当日もお酌回りに最適なタイミングを親に伝えたりするようになった。

今はリラックスして仕事に取り組めているが、育休明けは育児と仕事の両立に悩んだ。復帰のとき、子どもはまだ1歳。保育園に入ったばかりで、よく風邪を引いていた。子どもの様子が気になるものの、担当プランナー一貫制のため、打ち合わせを代わってもらうわけにもいかない。とくに式が迫っているお客様との打ち合わせの予定変更は難しい。家と職場の間で気持ちが引き裂かれそうだった。

だが、藤本は幸運だった。自身の親と夫が家事や育児をサポートしてくれていたのだ。ただ、家族の支えが大きくなるほど、母親としての務めを果たせていない自分を責めた。

一方、担当のお客様の打ち合わせや式が入っていなければ、チームの仲間が最も忙しく働いている日曜日に休ませてもらうこともあり、会社にも負い目を感じた。申し訳なく思っていた藤本の気持ちを軽くしてくれたのは男性の上司だった。「すべてに100％を求めるのは無理。どこかで緩めるのも必要だよ」。女性の気持ちに寄り添う言葉に救われた。完璧を求めると自分が潰れてしまう。環境が整っているのだから甘えられるところは甘えよう。家のことは休日に頑張ればいい。そう思えるようになった。

13年前の入社時と比べるとブラスの環境は大きく変化した。各人が自分に合った働き方を選べるようになったと藤本は感じている。望むタイミングで結婚・出産し、好きなプランナーの仕事も続けてこられた。忙しい毎日だが、事務作業を効率化し、いい結婚式を創るためにお客様との時間を確保することを心がけている。車での移動中や入浴の時間といったスキマ時間を活用し、式のアイディアを練ることもある。

「子育てとプランナーを両立しているロールモデルになれるように頑張りたいですね。キャリアにはいろんな道がある、プランナーを続ける道もあると後輩たちに示したい。それが会社から自分に求められていることだと思っています」

Story 6

ウェディングプランナーを育てる「採用・教育」という仕事

尾崎千穂

Chiho Osaki

本社 ウェディング事業本部 事業統括グループ
採用・教育担当室 係長

1986年、愛知県生まれ。

ホテルでサービス業務に就いた後、ブラスへ転職。

プランナーとして5年間にわたり3つのゲストハウスで経験を積み、副支配人も務めた。結婚を機に本社へ異動し、新卒採用と社員教育を担当。

ウェディングの現場から本社へ。キャリアチェンジで成長を目指す

ウェディングプランナーを卒業する。そう決めたのは自分の意思だった。尾崎千穂は結婚を機に現場の仕事から離れ、本社異動を希望した。

今後のキャリアを考え、3つの選択肢で迷ったと言う。1つめは、これまで通りプランナーとして結婚式の最前線に立つ。2つめは副支配人まで務めた経験を生かし、さらに上の管理職を目指す。3つめは、社員教育に注力していくことだった。

プランナー時代、結婚式の現場に立ちながら社内研修の講師を経験した。当時感じたやりがいを思い出した尾崎は、本社で社員教育に関わることを望んだ。社員教育は、その教育内容が自分に腹落ちしていなければできるものではない。尾崎は、人に教えることに関して自分はまだまだ未熟だと感じていた。一方、この能力はもっと伸ばせるはずだ、とも。プラスを採用・教育面から支えたい。人に教えることで自分も成長したい。その思いがキャリアチェンジを後押ししたのだ。

今でこそ自身のキャリア構築に意識的な尾崎だが、以前からそうだったわけではない。

学生時代は、将来を細かく考え、計画するタイプではまったくなかったと言う。

「社会人になると、何のために働くのかというモチベーション維持が大切です。そのためには仕事で目標を持つことが欠かせないと気づき、それ以降、キャリア構築にも意識が向いてきました。プラスでは若くしてリーダーになれたり、入社直後から大きな案件を任されたりすることが日常的にあります。自分も若手の頃から責任ある仕事を経験できました。そうした環境に身を置き、活躍している同僚や先輩方を見ていると、将来自分はどうなりたいのかと自然に考えるようになりましたね」

異動すると、本社業務の「事務的」なイメージが覆された。いい結婚式を創ろうと奮闘しているのは、プランナーをはじめとする現場だけではない。新郎新婦と直《じか》に接することはないが、本社のメンバーもまた人事や労務、教育、採用という管理の仕事を通して、いい結婚式につなげようとしていたのだ。

本社メンバーのチームワークにも驚かされた。人事や労務、経理などの専門知識を持つメンバーは、個人プレーで仕事をこなしていると思っていた。ところが実際には複数の担当が連携して一つの仕事を成し遂げる場面もたくさんあり、プランナーに引けを取らないチームワークを発揮していた。困ったときは専門知識のある人が必ず手を差し伸べてくれる。担当業務だけしていればいい、という空気はまったくなかった。

異動してまだ1年だが、関わる職種の幅が増えて自分になかった視点を取り入れることができ、刺激を受けているという。人前で話すことにも少しずつ慣れてきた。

採用と社員教育の仕事では、多様なバックグラウンドを持つ社員が理解できるよう、また就活生にプラスのイメージを的確に伝えられるように、言葉の選び方や話し方、自身の一挙手一投足に気をつけている。言葉や文字で情報を伝える場面も多いため、社長の言葉にアンテナを張り、活字に触れて語彙力を増やすといった努力も怠らない。

「まずは採用・教育を担当する者として、指導力を磨いていきたい。そのためにも相手の立場に立って話をすることができ、ダメなものにはダメと言える、人間的に尊敬される人になりたいと思います。私がかつて先輩方を見て、頑張ろうと思ったように、後輩たちにいい影響を与えられるような存在を目指します。でも、教える立場でありながら、逆に相手から教えられることも多い。教育ってそんな仕事だと思います」

大好きなみんなと心を一つにして大好きなふたりの結婚式を創り上げる

Chapter 6

塩田圭織

Kaori Shiota

ヴェルミヨンバーグ名古屋 チーフウェディングプランナー

profile

1992年、愛知県生まれ。

立命館大学卒業後、ブラス10期生として入社。

高校時代からウェディングプランナーを目指し、大学時代は結婚式場のサービススタッフとしてアルバイトをする。

式当日しか入らないアルバイトにもかかわらず、もっと新郎新婦のそばでサポートしたいという思いが強く、もどかしさを感じていた。

いちサービススタッフではなく、新郎新婦にとってかけがえのない存在になりたいと考えていたとき、プランナー一貫制を特徴とするブラスを知る。

入社後、アージェントパルムへ配属。

2017年、ヴェルミヨンバーグ名古屋へ異動。チーフプランナーとなる。

元アルバイトスタッフの結婚式を任せてもらえる幸せ

「その人の結婚式を任せてもらえたときは一番幸せでした。それはもう、はりきりましたよ」

チーフウェディングプランナーの塩田圭織が、そう振り返る結婚式がある。入社以来、ともに働いてきた元ＰＪの結婚式を任されたのだ。プラスではアルバイトのサービススタッフを「ＰＪ」（プリティ・ジョブの略称）と呼んでいる。

新卒の塩田がアージェントパルムに配属されたとき、その彼女はすでにＰＪとして働いていた。年齢が同じで、業務経験豊富だった彼女は、まだ右も左もわからない塩田にいろいろと教えてくれた。

「私が入社してから彼女がＰＪを辞めるまで、ずっと一緒に働いていました。その子の想いや悩みも、アージェントパルムを大好きなことも全部知っていました。そんな彼女がPJを卒業後に結婚することになったのですが、アージェントパルムで式を挙げたい、あなたにプランナーを任せたいと言ってくれて。こんなにうれしいことはなかったですね」

その元PJは自分自身の結婚式にはあまり憧れがなく、目立ちたくないと思っていた。前撮りも嫌だし、ドレスにこだわりもない。それでも彼女が結婚式を挙げようと決めたのは、「アージェントパルムと、スタッフが大好きだったから」。

一般的には、スタッフとして表も裏も知り尽くしているからこそ、その式場を避ける人も多いはず。そんななか、挙式に消極的だった彼女が「元職場」を式場に選び、自分の好みを曲げてまで式を挙げることを決意した。彼女にとっての塩田やスタッフの存在は、それほどまでに大きかったのだ。

塩田は、PJたちに対する想いをこう語る。

「新郎新婦とゲスト、スタッフは毎回変わるから、同じメンバーで創る結婚式はその日限り。その日、その空間にいる人が揃うことはもう今後、二度とないわけです。だからこそ、このメンバーで働けてよかった、本当にありがとう、という気持ちで仕事をしたい。社員だけでなく、式当日しか関わらないＰＪさんたちもうまく巻き込んで、みんなで楽しく、おふたりにとってかけがえのない一日を創り上げることを大事にしています」

来店までの経緯、新郎新婦の想いをＰＪにも伝える

ＰＪたちのアルバイトの目的はさまざまだ。お金を貯めたい、結婚式が好きだからバイトとして関わりたい、自宅とバイト先の式場が近かったから……。こうした多種多様な背景を持つサービススタッフの気持ちを一つにまとめ、ゲストに接してもらうことが大切だと塩田は考えている。

彼女は、ＰＪをプラスの社員の「お手伝い」とは見ていない。彼らも、結婚式をともに創り上げていくスタッフの一員。だからＰＪが思い入れを持って仕事に取り組めるように働きかけを行っている。

「ＰＪさんとのミーティングで新郎新婦のことを共有するんです。これだけで当日の動きが全然違ってきます」

ヴェルミヨンバーグに異動してからも、その姿勢は変わらない。

ふたりがどうしてヴェルミヨンバーグに来てくれたのか、どこを気に入って選んでくれたのか。また、ふたりとの打ち合わせのなかでつかんだこだわりポイント、人柄、好みなどふたりのエピソードを話す。新郎新婦の人となりや想いを知ってもらい、新郎新婦とは初対面のＰＪたちにも心の距離を縮めてもらうのだ。

式で使われるアイテムについても説明する。招待状、席次表、席札、テーブルクロス——式当日に使われるのは一種類だが、それらを選ぶパンフレットには何十もの種類が載っている。ゲストに渡す引出物は数個だが、それも何百種類もの選択肢から選ばれたものだ。ふたりがどんな想いでそれを選んだのかを話し、「一つひとつが一生に一度の大切なものである」と伝える。

「席札を並べたり、引出物を配布する準備をするのはＰＪさんの仕事。一つひとつのアイテムに想いが込められていることを理解すると、取り扱う手つきや動きが丁寧になるんです」

こうした働きかけによって、「当日限りのただのアルバイト」の扱いではないことがＰＪたちに伝わる。一日限りの仕事であっても、新郎新婦に喜んでもらおう、このプランナーのためにも頑張ろう、という気持ちが芽生えるのだ。

せっかくの機会だからＰＪにも経験を積んでほしい、結婚式を思いきり楽しんでほしいと願う塩田は、式の最中も彼らへの心くばりを忘れない。

「たとえば、新郎新婦入場の際、スタッフ総出で手拍子をするときは、ＰＪさんたちにアイコンタクトをします。『うまくいってるよ』『いい手拍子ができているよ、その調子』という気持ちで合図を送るんです。そうすると『よし、今日もいい一日にしよう！』とＰＪさんたちがまとまってくれて、いい空気感が生まれるんです」

新郎新婦がお色直しで中座しているときには、積極的にゲストのテーブルに声かけもする。「おふたりは朝からこんな様子で、とても緊張していたんですよ」「後半、こんなイベントがあるので、ぜひ一緒に盛り上げてくださいね」というふうに。自身が率先してゲストに話しかけ、その姿をＰＪたちに見せることで「ゲストと会話を楽しんでいいんだよ」と示しているのだ。

塩田の振る舞いを見て、ＰＪたちも自然とゲストに話しかける。彼女がいちいち教えなくとも、自分で考えて、その場にふさわしい行動を取れるようになる。

「すごくうれしかったのが、親族席のおばあちゃんの写真撮影を手伝ってくれたＰＪさんがいたことです。ケーキ入刀シーンでは、ゲストがケーキの前にバーッと集まって盛り上がるのですが、お年を召した方はその勢いに圧《お》されてケーキに近づけない。そんなとき、一人のＰＪさんがデジカメをパッと持って行ってケーキの写真を撮り、こんなケーキなんですよ、と見せてあげていたんです。スタッフ一人ひとりが自分で考えて行動を起こせるようになれば、こんなふうにみんなが満足できる結婚式を創れるんだ、私のやりたいのはこれだ、と思いました」

結婚式はある意味「戦場」だ。予期せぬことが起きたり、進行が押したりがつきもの。つい、きつい物言いをしたくなる場面もある。だが、塩田はそこをぐっと堪《こら》える。

「言い方一つにしても、ポジティブな表現に変えます。『早く料理を出して』ではなく、『この後の入場をみんなで盛り上げたいから、頑張って少しでも早く料理を出そう！』と言う。指示や指摘だけでなく、よかったところも口に出して言ってあげる。するとＰＪさんたちも喜んでくれますし、お互い気持ちよく働けます。現場の空気感は必ずゲストに伝わります。ＰＪさんたちを緊張させたり、萎縮させたりしないようにするのは大事です。それにプラスの社員はみんな、ＰＪさんたちのことが大好きですから」

人見知りを強みに転換して成長

今でこそチーフプランナーとしてスタッフやＰＪたちを引っ張っている塩田だが、もともとは人見知りだった。

「人と話すのが少し苦手で、実は今でもちょっと怖いんです。緊張するとすぐ顔が赤くなりますし、接客業に向いているとは言えない性格です。相手の表情を見て、今喜んでいる、今表情が曇ったとか気持ちがわかりすぎてしまって、不安になるんです。悩むことも多かったですね」

それでも今は、自分の弱さを受け入れ、人の気持ちに敏感であることを強みに変えられるようになったと彼女は感じている。

「打ち合わせをしていても、おふたりは本当に私に任せてよかったと思っているんだろうか、私は本当に信頼をされているんだろうか、と不安な気持ちがあります。でも今は、いったん自分のなかでそんな気持ちを受け入れた上で、ならばもっとこうしようと逆にバネに変えられるようになりました。人見知りで、相手の気持ちに敏感だからこそ、自分らしいプランナーに成長できたのかなと思います」

そんな塩田が普段の仕事で一番大切にしているのは、新郎新婦を好きであることだと言う。

「高校生の頃から、人の恋愛話を聞くのがすごく好きなんです。自分が好きになった人のことを話すときって、すごく幸せですよね。その幸せな顔を見るのが好きで。結婚式は、自分の好きになった人をみんなに紹介して、みんなにも好きになってもらう日。だから私も、おふたりのことを好きになりたい。おふたりのことを好きであればいいプランニングができますし、信頼関係も築いていけると考えています」

いい式をするためには、自分と同じくらい、周囲のスタッフみんなが「新郎新婦のことが好き！」「結婚式が好き！」と思える環境づくりが大切――塩田はそう考えている。そのため、ＰＪや社員たちが楽しんでサービスできる雰囲気づくりを心がけている。

「挙式後に、新郎新婦だけでなくゲストの方々にも『いい式だったね、スタッフも式場もよかったね』と満足して帰っていただくのが理想です。そのために、私しか知らないおふたりの一面を他の社員とも共有しています。お迎えするスタッフ全員がおふたりを知っていることが、結婚式当日のいい空気をつくる。社員にもＰＪさんにも、『しおさんの結婚式ってすごく楽しい』と思って式に入ってもらえるように、これからも工夫していきます。チームで結婚式を創り上げていくことこそが、プランナーとしてのやりがいでもありますから」

Question
現役ウェディングプランナーに聞いた

「式本番に向けて、どう“スイッチオン”する?」

前夜に全行程をインプット

「式の前夜はどんなに疲れていても、進行表をすべて見返して、全行程のイメージをインプットしておきます。だから前夜は、たまに夢の中でも結婚式をしています（笑）」（鈴木温子）

「本番限定」のヘアスタイル

「自分の担当のときだけするヘアスタイルがあるんです。普段は一つに束ねていますが、本番の日はアップスタイルにしてアレンジも加えます。これで気合いのスイッチが入ります。『髪切ろうかな』って言ったら、『あの髪型ができなくなるよ』と言われるくらい、私のトレードマークになっています」（高田桃子）

音楽で気分を盛り上げる

「出勤する車の中で、アップテンポのハッピーな曲を聴きます。とくに好きなのはJUDY AND MARY。幸せな気持ちで会場入りします」（森山佳奈）

「式当日に限らず、朝は音楽を聴いてしゃきっと目を覚まします。これという曲は決めていませんが、最近はゆずの曲をよく聴いています。『今日も頑張ろう！』と思えます」（松浦菜々子）

新郎新婦と交わした会話を振り返る

「おふたりのお支度が整うまでの間に、今までの打ち合わせをすべて振り返ります。ご家族の話やちょっとした雑談まで。それだけですでに泣けてしまうんですが（笑）」（森山佳奈）

コーヒーを飲む

「当日の朝、来たら、コーヒーを飲んで気分を落ち着かせます。最後の打ち合わせ・リハーサル時におふたりに手紙を渡すのも、本番に向かう私の儀式です」（塩田圭織）

新郎新婦と握手

「お支度を整えたおふたりと、がっちり握手を交わします。『始まる！』とスイッチが入る瞬間です」（柴田友美）

「大事にしている言葉」を思い出す

「『一瞬を臨終として生きる』という言葉を思い出します。もし『君は明日死ぬ』って言われたら、今日は何だってできると思うんです。今目の前にいる人を笑顔にするために、全力で『おめでとうございます』と言う。結婚式を何百と経験しても、私が伝える『おめでとうございます』の裏側には、この言葉がいつもあるんです」（菊池麻衣）

「最高の結婚式」を創り上げる チームづくりのプロフェッショナル

Chapter 7

梅本正登

Masato Umemoto

ブランリール大阪 支配人

profile

1987年、三重県生まれ。

2010年、畿央《きおう》大学卒業後、ブラス6期生として入社。

家族・親戚が教員ばかりという教育一家に生まれる。

教育学部に進学するが、教員は肌に合わないと感じ、卒業後の進路を再考。

職種名の格好よさだけで「ウェディングプランナー」を志す。

ブラン：ベージュに配属され、プランナーデビュー。

2014年、アージェントパルムへチーフとして異動し、翌年支配人に昇進。

2016年、ヴェルミヨンバーグ名古屋支配人を兼任。

2017年、ブラス関西初出店のブランリール大阪の立ち上げ時に支配人となり、大阪のエリアマネージャーも兼任する。

相手や状況に合わせた「言い方、聞き方」を大切にする

「同じことを言うにしても、表現の仕方で伝わり方はまったく変わってくる。だからこそ、相手やそのときの状況に合わせた言い方、聞き方を常に大切にしています」

そう語るのは、ブランリール大阪支配人の梅本正登である。梅本は誰に対しても常に「お願いする感覚」を忘れない。予定外のことが起こったり、時間が押したりする式当日は戦場だ。だが梅本は、決して命令口調は使わない。

「高圧的に言われて『よし、頑張ろう！』とは思えないですよね。私は指示されてやる仕事ほど、楽しくない仕事はないと思っています。人手が足りずスタッフ全員が懸命に働いているときほど、お願いの気持ちを忘れてはいけない。『行け』ではなく、『忙しくて申し訳ないんだけど、今はチャペルを優先したいから応援に行ってくれないかな。助かるよ。ありがとう』。そう言われるだけで、どんなに気持ちよく働けるか」

メンバーが担っている通常業務も「やって当たり前」と思わない。梅本は本来、ブランリール大阪を運営していく仕事はすべて支配人の仕事と考えている。しかし、それは物理的に無理だから分担している。自分の代わりにやってくれていると思えば、自然と感謝の気持ちが出てくるというわけだ。

反対に、ルールを守らず、やるべきことをやっていないと思われるときは「すぐに行きなさい」と強めに指示を出すこともある。梅本の口調の変化で、スタッフは我に返る。自分で考えて動くスタッフをつくるため、意識的に口調を使い分けているのだ。

梅本はチームづくりに関して強い信念を持っている。人の上に立つリーダーだからこそ思いやりを持ち、ものの言い方には気をつける。聞かれたことにはその場で答える。若手やＰＪの意見も尊重する。間違ったら素直に謝り、褒めるべきはすぐ褒める。

こうして行く先々の店舗で強いチームをつくり、ブラスが経営理念に掲げる「最高の結婚式」を創り上げてきた。これが「梅本流」のチームづくりだ。赴任すると同時に、仕事のやり方を一気に変える。前の支配人や、その店舗の過去のスタイルに遠慮しない。自分のやり方ならスタッフをもっともっと成長させられると考えている。

「若手のときに上の人にしてほしかったことを、自分が支配人になったら絶対にやろうと決めていました。これまで3店舗で支配人を務めてきましたが、自分の在任時に『辞めさせてほしい』と言ってきた部下は一人もいません。このことは僕にとって大きな自信になっていますし、このやり方で間違っていないと確信する根拠にもなっています」

「それぞれの新郎新婦にとって最高の結婚式」を創るなら否定していい価値観なんて一つもない

梅本が支配人の仕事において大切にしていることがある。まずは冒頭で紹介した相手への言い方、聞き方だ。相手のミスでも「これ、言ったよね？」とは決して口にしない。真意が伝わっていないのは、自分の伝え方が悪いからだと考える。

相談や報告のしやすい環境づくりにも気を配る。どんなに忙しいときでも「今、それを言うタイミングじゃないでしょ」とは絶対に言わない。

「自分が先輩から言われた経験があるんです。『何でそんな小さいことを聞くの？』『今言うことじゃないでしょ』って。すると若手は萎縮して、相談や報告をしなくなってしまう。でもそれが大きな問題に発展してしまう危険性もあるんです。ことが起こってから『それ、ちゃんと報告したの？』と言うのは簡単。そう言うのなら、自分が近寄りがたい存在にならないよう、常に聞く姿勢を持たなければと思います」

また、梅本はどんな立場の人が言うことも、まずはいったん受け入れる。入社間もない若手社員やアルバイト、パートナー企業であってもだ。

「プラスが経営理念に掲げる『最高の結婚式』は、新郎新婦の数だけ何百通り、何千通りとあります。だから、一つとして否定していい価値観なんてないと思っているんです。多様な価値観のプランナーがいるからこそ、それぞれのお客様に合った最高の結婚式を創ることができる。入社1年目のスタッフの意見にも耳を傾ける。最終的にはそれが採用されなかったとしても、一つの意見としてきちんと扱ってもらえたという経験は、いい雰囲気のチームづくりにつながっていきます」

もう一つ、上に立つ人間として心がけているのは「謝ること」「褒めること」だ。

「先輩になると『その考え方はわかるけど、私ならこうする』『あのときはこうだったからね』と、自分の意見を主張してしまいがちです。こんな無意味なことはありません。それは自分のプライドを守るためだけの言葉。間違ったら素直に謝る、いいなと思ったら素直にいいねと言ってあげる。負けたと思ったらそれを認め、褒めてやる。そうやって若いスタッフが生き生きと頑張ってくれたら最終的に店舗の成果にもつながっていくのに、なぜみんなやらないのかと不思議に思います。自分のプライドは内に秘めていればいい。周りに見せるためのプライドなんて持つ必要はまったくありません」

これだけスタッフに寄り添い続けるのは、口で言うほど簡単なことではない。それでも梅本は、それが必要だと思うからこそ、強い精神力でつらいときも乗り切っていく。

「きついですが、どれだけ我慢できるかが大事。腹の立つことを全部口に出したらチームが崩れてしまう。そうならないよう、常にポジティブに考える。ここで我慢すればチームにとっても自分にとっても後々必ずプラスになる、と言い聞かせています」

後輩にはとことん寄り添う。支配人を目指すと決意した若手時代

梅本はもともと教員志望だった。家族、親戚はほとんどが教員という家庭で育ち、将来、教員になることに疑問を持つことはほとんどなかった。

ところが大学時代の教育実習で教員が肌に合わないと実感する。あらためて卒業後の進路を考え直し、今まで縁がなかったビジネスの世界に憧れを抱いた。ただ、当時は若さゆえの単純な考えから「サラリーマン」と呼ばれるのには抵抗があった。そこで「格好いい呼び名の職業」で検索したところ、1位が「パイロット」、2位が「ウェディングプランナー」という結果に。これがプランナーを志したきっかけとなった。

入社当初から、ゆくゆくは支配人になると梅本は決めていた。

「自分で選んだ道だからこそ、その世界でトップになろうと。教育の世界で校長まで務めた父を超えたい気持ちもありました。大変な仕事ですが、仕事は楽じゃなくて当たり前。だからそこから逃げずに頑張りたいなと思ったんです。まずは同期で一番になる。そして支配人を目指す。それが必然だと感じていました」

決意通り、梅本は入社5年目で支配人まで上り詰める。ただし、プラスに入ってわかったことがある。一番を取るのはそう簡単なことではない、ということだ。自分より営業力が優れている人もいたし、プランニングが得意な人もいる。自分は何をもって「支配人」と呼ばれる立場になれるのか、梅本は悩んだ。

彼の出した結論は「後輩に寄り添う」ことだった。支配人となった今、かつては「生意気な若手」だった自分は、先輩たちにとって扱いづらい後輩だったろうと当時を振り返り、反省している。「上の人間」にしか見えない景色があること、その立場にいる者しかわからない気持ちもあると痛感した。その上で、後輩の想いや考えに寄り添うチーム運営をしていきたい。そう思ったのだ。

「支配人の最大の役割は、各スタッフの個性を尊重し、常に彼らが最高のパフォーマンスを発揮できるようなモチベーションに持っていくことです。結婚式に関しては細かいプランニングは各プランナーやチーフプランナーに任せるけれども、すべての最終チェックだけは必ず自分の目でやるようにしています。担当者も自分も、やるべきことをきちっとやった上で、それでも起こるミスはすべて支配人の私が負う。そうすれば、未然にカバーできることもありますし、チームも伸び伸びと働けます」

結婚式には正解がない、とはよく言われることだ。だが、最高の結婚式を創るための条件はある。それは「笑顔の出る、いいチーム」だと梅本は考えている。

「ピラミッドの一番上に『最高の結婚式を創ること』が来るならば、その下でピラミッドの頂点を支えるのは、間違いなく『笑顔の出る、いいチーム』です。学生時代に経験したアルバイトはときに罵倒されるほど厳しい現場だったのに、お客様の前では常に笑顔でいろ、と言われました。でも無理ですよね（笑）。笑顔のあるチームをつくるためには物言いに気をつけるだけでなく、メンバーの想いに寄り添う気持ちがいかに大事か。このことは自分に言い聞かせると同時に、周りにも常々言っています」

自分の信じるやり方を継承するメンバーを増やしたい

梅本のチームビルディングの手法は、彼自身が実践し、そのつど成果を見ながら、これで間違いないと確信を深めてきたものだ。これを今後は全社に広げていきたい。そう梅本は考えている。

「後輩や仕事をする相手を思いやれるプランナーや支配人が増えていくと、プラスはもっともっといい会社になると思います。今、周りのスタッフは私のやり方に共感はしてくれますが、『梅さん、それってすごいですけど、なかなかできないですよ』と言われてしまう。でも自分がやろうと決意し、意識すれば必ずできるんです。そのことを伝えながら、このチームづくりのやり方を広めていきたいと考えています」

Chapter 7

梅本正登

Masato Umemoto

Story 7

会社の魅力、想いを多くの人に届ける「広報」という仕事

谷村浩世
Hiroyo Tanimura
本社 ウェディング事業本部 事業戦略グループ 広報室 係長

1987年、奈良県生まれ。
プラス6期生として入社後、ウェディングプランナーとして活躍。
一度退職し、地元関西へ戻る。
結婚情報サイト運営会社で店長や本社勤務を経験したことでプラスの
魅力を再認識し、復職。2016年より広報室勤務。

ブラスの広報の仕事は「ラブレター」を書くようなもの

テレビやラジオ、新聞、雑誌、自社サイトや採用サイト、マスコミ向けに新サービスや経営に関するお知らせを流すプレスリリース——。社会とのあらゆる接点を通じ、ブラスの魅力を社外の人々へ届ける。それが「広報」の仕事だ。ブラスが発信する記事や広告、それを構成する写真や文章は、すべて本社の広報室を通って世に出て行く。

広報室係長の谷村浩世は、一度ブラスを退職して地元の関西に戻り、結婚情報サイトを運営する会社に勤めた経験を持つ。日本全国、数百社の式場の情報を扱うなかで、ブラスの経営理念や社長の想い、メンバーの「最高の結婚式」を創ることにかける情熱は全国で一番だと感じたと言う。

「自分自身が一番のブラスファンだと思っています。広報の仕事はラブレターを書くようなもの。発信する側の温度が低いと届けたいメッセージも伝わりません。結婚式の現場に立っているメンバーたちと同じ温度感を共有し、その熱さをメッセージに乗せるためには一にも二にも情報収集です。メールや電話で済ませずになるべく現場へ足を運び、社長やブラスのメンバーから直接聞き取った言葉を生かしながら、効果的な発信方法を考えていきます」

情報の受け手はさまざまだ。結婚を考える未来の新郎新婦やそのご家族、ブライダル業界で働くことを夢見る学生、ブラスへの入社を目指す就活生。そのため、言葉の選び方には何より気を遣う。この言葉を学生が見たらどう感じるだろう？　新郎新婦なら？　年配の方は？　あらゆる視点から検討し、最終的な文言を決定するよう心がけている。たとえば「ゲストハウス」は、場合によっては「結婚式場」と書くなど、表記一つにも気を配る。ブラスのブランドイメージを保つために欠かせない仕事だ。

やりがいを感じるのは、情報の受け手に想いが届いたと実感するとき。自分の作成した文章を読み、未来のプランナー候補が応募してきてくれる。それは、ブラスの未来の結婚式を自分も一緒に創っているのと同じだと谷村は考えている。雑誌にブラスのプランナーが取り上げられると、他のメンバーがそれを読んで刺激を受ける。いちプランナーの頑張りを仲間につなぐことができたと感じ、自分までうれしくなると言う。

イベントの企画・運営も広報の仕事。ブラス立ち上げのきっかけとなったアナウンサーの高井一《はじめ》氏と社長とのトークイベントでは、頭と体をフルに使って準備した。企画案作成に始まり、情報発信、高井氏と社長のスケジュール調整、会場設営、進行のプランニング、チラシの制作など。それは結婚式のプランナーにも似たクリエイティブな経験だった。広報の仕事の楽しさと重要性を一度に味わえたと谷村は振り返る。

彼女には2つの夢がある。1つめは、ブラスの結婚式の素晴らしさを社長や仲間の言葉を最大限に使って伝えられるようになること。2つめは、ブライダル業界全体の結婚式数を、自らの努力で1%でもいいから増やすことだ。

「結婚式を挙げない選択をするカップルが半数近くいらっしゃる時代です。それは私たちブライダル業界の責任でもあります。結婚式をいいものだと感じてもらえていない、また、いい結婚式を創ってもその価値を伝えられていないということだから。ブラスの結婚式のよさ、プランナーの頑張りがしっかり届くようなPRやイベントを考えて、結婚式当日にしか味わえない体験がどんなものか、届けていきたいですね」

結婚式を機に
家族の絆をより強くする。
それが、私の使命

Chapter 8

菊池麻衣

Mai Kikuchi

ラピスアジュール チーフウェディングプランナー

profile

1990年、静岡県生まれ。

2014年、ブラス10期生として入社。

ウェディングプランナーが主人公のドラマに憧れ、学生時代は結婚式場でサービスのアルバイトを経験。

結婚式の魅力を実感し、自然とウェディング業界を志す。

新卒で地元の結婚式場にプランナーとして就職し、3年間勤務。

「結婚式の正解は一つではない」との想いから、プランナーの裁量が大きいブラスに転職。ラピスアジュールへ配属される。

2017年、チーフウェディングプランナーとなる。

「実家へ行きたいんです」プランナーの申し出に驚いた新郎新婦

新郎新婦はポカンとして、担当ウェディングプランナー菊池麻衣の顔を見つめた。

「えっ、どうしてですか？」

無理もない。菊池が突然、「おふたりの実家へ行きたい」と言い出したのだから。
その新郎新婦、ヨウイチロウさんとエリカさんは、地元が同じで同級生。小・中学校も一緒の幼馴染《おさななじみ》でもある。そんなふたりと打ち合わせをするなかで、菊池は「おふたりとも、ご家族が大好きなんだな」と感じていた。家族の話をするときは感慨深げで、涙を見せることもあったからだ。

「それほどふたりにとって大切な家族に、会ってみたくてたまらなくなったんです。ご両親から見たふたりとは、どんな息子・娘なのだろう。ふたりがご両親には直接伝えていないであろう想いを私に語ったように、ご両親もまた、息子・娘には告げていない想いがあるんじゃないか――それを知ることで、結婚式をより素晴らしいものにするプランニングのヒントが見つかるかもしれない、と」

菊池にはいつにも増して強い覚悟があった。「何としてもいい式にする！」。というのも、実はラピスアジュールの式場は、エリカさんの好みの雰囲気とは異なっていたのだ。しかし、菊池の結婚式への想いに共感したヨウイチロウさんが、「ここにしよう」とエリカさんを説得し、決めてくれた。「ここにしてよかった」と満足してもらえるように、やれることはすべてやりたい、と思ったのだ。

新郎新婦、その両親ともに、驚きながらも菊池の提案を受け入れてくれた。30年間大事に育ててきた息子・娘に対してご両親の愛情は深いはず。あらためて口には出さない想いを私がおふたりに教えてあげたい。約束の日、彼女は1時間半かけてふたりの故郷へ向かった。

新郎新婦の実家は、双方とも菊池を歓迎してくれた。家に上がらせてもらい、お話をうかがった。

新婦の実家では、父親がにこにこと見守るなか、主に母親が話をしてくれた。エリカさんの小さい頃のエピソードをはじめ、自分の結婚式では着たいドレスを自分で選べなかったことをいまだに後悔しているからエリカさんには納得のいくドレスを選んでほしいと考えていること、結婚式に向けてリングピローを手作りしていることなどを教えてくれた。

菊池は打ち合わせで聞いた、エリカさんの両親に対する想いを伝えた上で、今の両親の気持ちについても質問していった。

新郎の実家では、父親は外出中で、母親が応対してくれた。子どもの頃、家業が忙しくてあまり構ってやれなかったことを申し訳なく思っている気持ち、その分ご近所や周りの大人からかわいがられて新郎が育ったエピソードなどを聞くことができた。

打ち合わせや当日の顔合わせだけでは、わからないことがたくさんあると実感した菊池。もっともっと寄り添いたい、距離を縮めたいという想いがいっそう強くなった。

結婚式のあり方は家族背景によって決まる

菊池はこの家族へのヒアリングをもとに、ムービーで双方の両親の気持ちを新郎新婦に伝えようと決めた。

双方の両親には、菊池が実家を訪ねたときに話してくれた気持ちをぜひ手紙にしてほしいとお願いした。新郎新婦の子どもの頃からの写真も借りてきた。菊池はその手紙と写真を使い、手紙の中の印象的な言葉をちりばめた5分ほどのムービーを作った。

式当日。支度が整った新郎新婦と双方の両親を、あとはゲストを迎えるだけの状態にセッティングされた披露宴会場に招き入れた。

「実は皆様に届けたい気持ちがあります」

菊池はそう言って、ムービーの上映を始めた。手紙は書いたものの、それをムービーにすることは知らされていなかった両家の親たちは驚いた。

「えーっ、こんなふうにしてくれたんだ！」
「やられたわね……」

晴れの日を迎えた子どもたちに対する親の想いが、目の前に写真とともに映し出される。新郎新婦は自分たちがこんなにも愛されていること、手放したくないと思いつつも心から祝福してくれている両親の想いをあらためて知った。いつの間にか、そこにいる全員が涙していた。上映後、控え室で新郎新婦は両親からの手紙の全文に目を通し、また涙した。仲のいい家族の絆がより固く結び直された時間だった。

菊池が新郎新婦の実家まで訪ねたのには、こんな信念があるからだ。

「結婚式のあり方は家族背景によって決まると思っているんです。ご友人や職場のお仲間も大事だと想うのですが、やはりおふたりへの思い入れが一番強いのは家族ですよね。仲のいい家族なら、その絆をさらに強固なものにする。もし、ご家族と仲がよくなくても、式を機に絆をもう一度結び直せるかもしれない。仲がよくても悪くても、ご家族のつながりを強くする、その最善の形を見つけたいなと。私の想いはおふたりにとってお節介なときもあるかもしれませんが、状況が許すなら、結婚式にそういう役割を持たせたいなと思ってプランニングしています」

ヒデアキさんとルリさんの結婚式でも、家族の絆を再確認できる工夫をした。新郎の母親は数年前に病気で他界していたが、菊池は亡くなった母親の気持ちを式のなかに織り込みたいと考えていた。何度か打ち合わせを重ねるなかで、ヒデアキさんがまだルリさんに婚約指輪を贈っていないこと、亡くなった母親の婚約指輪をあげたらどうかと考えていることを菊池にこっそり打ち明けた。これだ、と菊池は思った。

式当日、挙式前の家族対面の時間。新郎の母親の婚約指輪が新婦に贈られた。亡き母の想いが形となった瞬間だった。

これに加え、菊池は新婦の祖母の想いも形にした。農家を営む祖母が栽培したブルーベリーや野菜を使って披露宴の前菜やデザートをつくることを提案、シェフが実現した。新郎新婦は思いがけず祖母のやさしい気持ちに触れ、とても喜んでくれた。

菊池がこれほどまでに新郎新婦の家族を大切にするのには、ブラスへ転職する前に働いていた結婚式場での経験が生かされている。

「前にいた会社の社長が、30年前に担当したご夫婦のお子さんの結婚式を担当するのを間近で見たんです。おふたりがある日式場を訪ねて来られて、『子どもたちの結婚式を、あなたにお願いしたい』とおっしゃって。すごいな、と。プランナーがいちプランナーであることを超えたときに、こういうことも起こり得るんだなと感動しました。結婚式はたった一日の出来事ですが、30年後の未来につながる可能性もある。こんな素晴らしいことは、やはりご家族の存在なしではあり得ないと強く思いました。だから、ご家族を意識した結婚式のあり方にこだわっているのかもしれません」

新郎新婦とその家族の姿を見て、ゲストにも身近な家族の存在や大切な人への想いを再確認してもらえたら、とも菊池は考えている。

「結婚式は、そこにいる全員が同じ気持ちを共有できる場ですよね。新郎新婦が一番長くともに生きてきて、想いも愛情も深い親御さんとのつながりを再確認する。そんな結婚式に参加することで、ゲストの方にも自分にとっての大切な人を想う気持ちを思い出していただけたらうれしいです。『帰ったら、ありがとうって言ってみようかな』『もっと大切にしよう』って」

こんなにたくさんの幸せが舞い降りる仕事は他にない

菊池がウェディングプランナーを目指したのは、中学生の頃に観たドラマがきっかけだった。

「ドラマだからエピソードは作り話だったのかもしれませんが、すごくリアルに感じられて。プランナーっていい仕事だなと憧れました。自分が一生懸命になることで誰かの心を動かすことができる、なんて素晴らしい職業だろうと。ドラマのプランナーさんの姿があまりに素敵だったので、学生時代は結婚式場でサービスのアルバイトをしました。プランナーとして就職してからも、まったくドラマの世界とのギャップを感じなかったです」

こんなふうに自然とウェディングの世界に馴染んだ菊池には、すべてのことにやりがいを感じられた。夢の世界が美しければ美しいほど、理想と現実のギャップを感じ、その克服に悩み苦しむものだ。しかし、彼女はブラスに入社以来、そんな苦悩を感じたことはないと言う。

「壁はあったのかもしれませんが、壁と思ったことがないだけなのかもしれません。苦しかったこともないし、つらいと思ったこともない。辞めたいと思ったことも一度もないんです。結婚式に対して、ウェディングプランナーというプロとして向き合うだけじゃなく、一人の人間としての志を大切にして向き合っている部分があるからかもしれませんね」

自分の結婚式ではないのに、まるで自分のことのように一生懸命に動くことができる。提案に賛同していただけたとき。『ありがとう』とお客様に言っていただいたとき。そんなふうに誰かに受け入れてもらえたときに、自分が認めてもらえたような気持ちになれる。菊池は、プランナーの仕事を愛しているのだ。

「お客様と同じ温度で同じ気持ちの涙を流せたとき、プランナーをやっていてよかったなと感じます。おふたりのことをとことん知るためにやるすべての仕事が私のやりがいであり、生きがい。楽しくて仕方ありません。こんなに幸せなことがたくさん舞い降りる仕事って他にはないと思います」

Story 8

経営理念を現場で体現する「マネージャー」という仕事

杉山雄太郎

Yutaro Sugiyama

ルージュ:ブラン、ヴェールノアール
支配人兼エリアマネージャー

1988年、岐阜県生まれ。

2011年、早稲田大学卒業後、ブラス7期生として入社。

2013年、ルージュ:ブラン支配人にスピード昇進。

ヴェールノアール支配人、エリアマネージャーも兼務。採用・教育、集客、店舗デザインや社内イベント運営など多岐にわたり活躍する。

社長のメッセージを社内に伝える〝プラスらしさ〟の伝道師

「相手の表情を観察する」。杉山雄太郎が仕事で大切にしていることだ。店舗の支配人として、プランナーの創る結婚式の価値がきちんとお客様に届いているか、プラスらしさをキープできているかには何よりも気をつけている。そのための指標として、杉山は表情に着目する。式では新郎新婦よりも参列するゲストの表情を見る。会社説明会では、情報の受け手である就活生の顔を見る。今、自分の発した言葉が伝わっているか、一方通行でないかを、一歩引いて観察することを心がけている。

支配人兼エリアマネージャーとして活躍し、採用・教育にも携わる杉山は、プランナー時代に培った想像力と実行力をマネジメントにも生かしている。現場で何が起きているかをさまざまなデータから分析し、社員たちに効果的にメッセージが伝わるよう考える。そして、杉山が最も力を入れているのが、社長の想いをスタッフに伝え、体現していくことだ。会社の規模が拡大するほど、社員の価値観や考え方は多様化する。社長の意図が誤った捉え方をされないよう、正しく伝えることがより重要となる。

「上場企業になりましたし、社長と若手との距離が物理的にも心理的にも遠くなるのは仕方のない面もあります。ただ、社長は今でも現場と同じ目線で向き合いたいと考えているはず。社長が主語のメッセージをどう変換すれば、若手にわかりやすく伝わるか。社長と若手の橋渡しをするのも自分の仕事だと考えています」

週3回ほどある社長とのコミュニケーションの時間には、ポロリとつぶやかれる社長の本音を見逃さない。

また、土日に現場に出ている社長は「彼女は最近悩んでいるようだ」など社員の変化を敏感に察知しているが、スタッフを直接フォローすべきは社長ではなく、マネジメントに携わる自分たちだと杉山は思う。社長が経営に集中できるように、本音は逃さずすくい上げ、自分たちが責任を持ってフォローに動くことを心がけている。

杉山は「ブラスらしさ」の本質を全社に伝えていくことも自分の使命だと考えている。ブラスらしさは経営理念にある「それぞれの新郎新婦にとって、最高の結婚式を創る」に集約される。これは言葉で言うと簡単だが、形のあるものではない。ゴールもない。だからこそ、この仕事はやりがいがあると、若手に伝えようとしている。

ブラスらしさの有無を測るのは、ゲストが「ふたりらしい結婚式だった」という印象を持ち帰ってくれたかどうかだと杉山は考える。そのためには、仕事の主語を「自分」にしないこと。「誰かのためになる仕事を」と杉山は事あるごとにスタッフに伝える。相手を喜ばせたい。楽しませたい。そう素直に思える人は伸びると言う。

今、杉山が一番気をつけていることがある。それは「ブラスらしさをはき違えてはいけない」ということだ。ブラスらしさを追求すれば、新郎新婦を自分たちの型にはめてしまうおそれもある。そうならないためには、多様性や共感力が大切だと杉山は考えている。

「以前は若手スタッフのマンパワーや元気のよさを〝ブラスらしさ〟ととらえる傾向もありました。しかし結婚適齢期が上がっていく今、それだけではお客様のニーズと乖離《かいり》してしまう。そうならないよう、私たちにはおふたりが望む結婚式を素早く理解し、臨機応変に提案することが求められています。相手に応じて接する多様性や共感力。それがブラスらしさの本質ではないかと思うようになりました。若手を育てる立場として、この多様性や共感力を自分の課題にもしたいと思います」

相手の心に向けて一歩を踏み出し
言葉の裏側にある本音に寄り添う

Chapter 9

田端亜希子
Akiko Tabata

ブラン：ベージュ 副支配人・エグゼクティブプランナー

profile

1989年、大阪府生まれ。

2011年、文京学院大学卒業後、プラス7期生として入社。

ブラン：ベージュへ配属される。

高校時代、ホテルや空港の仕事に興味を持っていた。

高校3年の終わりから大学卒業までの4年間は、自宅近くの結婚式場でアルバイトを経験。

結婚式に関わる業務にひかれ、ウェディングプランナーを志す。両親からは苦言を呈されたものの、学生時代の土日のほとんどをバイトに費やす生活を続けた。

プランナー一貫制で貸切タイプの式場を探し、就職活動を行う。プラスが第一志望だった。

2017年、副支配人となる。

2018年、エグゼクティブプランナーの称号を獲得。

お客様の言葉を鵜呑みにせず気になることは深掘りする

なぜ、あのとき新婦の声が小さくなってしまったのか？

どうして新婦は、新郎の顔をチラッと見たのだろう？

田端亜希子は、お客様の反応を決して見逃さない。聞いたことだけを鵜呑《うの》みにせず、常に「なぜ？」「どうして？」と考える。少しでも引っかかることがあれば必ず質問し、そこから思わぬ本心を引き出すこともある。彼女はこうして、それぞれの新郎新婦に寄り添い、最適なプランニングをし続けてきた。

「お客様のおっしゃること全部に、すぐ納得しないよう心がけています。実は私自身がもともと人見知りで。聞かれてすぐに答えられないことが多いし、パッと出てきた答えだけがすべてじゃないとわかっています。だからこそ、言葉の裏に本心があるのではと常に考え、気になることがあれば深掘りするんです。本音がわかればよりよいご提案ができますし、お客様の不安な気持ちもすっきりとさせてあげられますから」

ある新郎新婦と打ち合わせしていたときのこと。式の開始前に家族水入らずで過ごす「家族対面」の話題になった途端、新郎が急に黙り込んでしまった。新婦は「やっぱり、まずは親に晴れ姿を見せたいですよね！」と無邪気に話していたのだが……。

田端はそのことが気にかかり、新郎が席を外した隙に、新婦に探りを入れた。すると、新郎と親御さんの関係があまり良好でないこと、新郎を育ててくれた大好きな祖父母が、式に参加できないことを知った。

「新郎さんは、本当はおじいちゃんとおばあちゃんに会いたかったんですね。そこで、おじいちゃんおばあちゃんに式の前に来ていただいて、少しでも晴れ姿を見てもらい、感謝を伝える時間を設けてはどうでしょう、と提案しました。新婦さんに聞かなかったら何も疑問に思わず、大切な人の存在に気づかないまま過ぎてしまっていました。無口な新郎さんでしたが、当日はおじいちゃんとおばあちゃんと笑顔で話をしていました。こういう場面を見ると、一歩踏み込んで聞いてみてよかったと思うんです」

自分だけ成約が決まらない。思いきって他店舗での研修を志願

今の田端はプラス全店舗のプランナー約200人のなかで5人しかいない「エグゼクティブプランナー」の称号を持つ。高度な接客スキルを磨き上げたが、実は学生時代は初対面の人と話をするのが大の苦手だったという。先輩からも「よくこの仕事を選んだね」と呆れられたほど。そのせいもあってか、プラス入社後に大きな壁にぶつかった。同期が次々と新規接客で成約を決めていくなか、彼女だけが成約に至らないのだ。

「同じ店舗に同期が2人いたのですが、私以外は接客1組目で成約が決まったのに、私の初成約は8組目。その後も入社3年目ぐらいまでなかなか成約できない場面を何度も経験して、もう辞めよう、私には向いていないと5万回ぐらい思いました。先輩からは、もっとタバティーらしくと言われましたが、『私らしさって何だ?』と考え出したら、ますますわからなくなって。闇の中をさまよっているような気分でした」

自分らしさが何かも、成約が決まらない理由もわからない。そんな田端が「闇」から抜け出せたきっかけは、「外の視点」を取り入れたことだった。

彼女は現状から抜け出したいと、オランジュ：ベールの支配人、六車達也を頼った。六車は、一時期伸び悩んだオランジュ：ベールをプラスで一、二を争う繁盛店へ復活させた人物。一日だけ、オランジュ：ベールでの仕事を体験させてもらったのだ。

「ブラン：ベージュは他店舗から異動してくるスタッフがいないお店でした。ここから異動していく人はいるけど、他店舗から来る人はいない。入ってくるのは新卒の新入社員だけ。そのため、他店舗の情報を聞くこともあまりなく、他の人がどんなふうに仕事をしているかも知りませんでした。狭い世界だけで物事を考えちゃダメだ、もっと他店舗のことも知りたいと考え、ムグさんに頼ったんです」

新入社員研修の講師を務めた六車のことを思い出した田端は、一度オランジュ：ベールのやり方を見せてほしいと頼み込んだ。六車は快諾してくれた。

田端は、オランジュ：ベールの新規接客をつぶさに観察した。接客の様子を最初から最後まで、近くで別の仕事をするふりをしながらひたすら聞き耳を立てる。小さなメモ帳に、気づいたことや学びを必死で書き取った。営業終了後、六車は田端のために3時間も話を聞いてくれた。田端が成約に至らないことに対する分析や、こうすべきといった指摘はしなかった。にもかかわらず、ブラン：ベージュに戻った田端に、すぐに変化が訪れた。

次々と成約が決まるようになったのだ。

「信じられないぐらい、急に成約できるようになりました。具体的に何かを取り入れたわけではありません。しいて言えば、ブラン：ベージュ以外のやり方や知識を得て自信がつき、それが接客に表れたのかもしれないですね。それまでの私の話し方や言葉は薄かった気がします。ムグさんにすぐ報告したら、すごく褒めていただいて。それがうれしくてまた頑張ろうと思い、どんどん好循環に入っていきました。オランジュ：ベールに行ってムグさんに話を聞いてもらえたことで、道が開けたんです」

「闇」を抜け出した田端は、4年目に初のベストプランナー入りを果たす。副支配人になるまで3年連続でベスト10入りし、最後は3位にまで上り詰めた。

後輩が相談しやすいよう余裕をもって、ゆったり構える

だが、大きな壁を突破した田端に、もう一つの試練が待っていた。

それはごく最近、副支配人の肩書をもらってからのこと。ブラン：ベージュとしては初の副支配人。手本となる人がいなかったため、自分が何をしたらいいか、まったくわからなかったのだ。いちプランナーとして結婚式の担当をするという今まで通りの仕事もあるなかで、副支配人として自分はどう振る舞うべきなのか。答えが見つからず、鬱々とする日がしばらく続いた。

このときも田端は、外の視点を入れることで壁を乗り越えた。ブラン：ベージュ支配人の宮原に時間を取ってもらい、今の自分の悩みや思いを全部打ち明けたのだ。

「支配人からは、副支配人とはこうだという正解はない、と言われました。ただ、自分たちの下で、ここで働けてよかったとスタッフ全員が思えばそれでいいんだよ、と言ってくださって。そこで吹っ切れましたね。私は後輩たちが働きやすいよう、見ててあげよう。

バタバタと余裕のない姿は見せず、ゆったりと構えて後輩が気軽に相談しやすい雰囲気をつくろう。何があってもこの人に聞けば解決できると思ってもらえるように、安心して働ける環境をつくろう。そう考えを変えることができました」

変に難しく考える必要はなかったのだ。これまでプランナーとして新郎新婦の話をじっくり聞き、不安を感じていることに寄り添い、疑問点があれば深掘りし、おふたりの望む結婚式を実現させてきた。そのスタイルを、後輩に対しても貫けばいいだけだ。そう気づいたら気持ちが楽になった。

「事務所にいて後輩を見ていると、急にしゃべらなくなったな、1時間ぐらい声を出していないな、全然話に入ってこないな、と気づくことがあります。そういうときはふたりきりになったところで声をかけるか、お手洗いに立ったタイミングで追いかけて、さりげなく聞きます。みんながいるところで聞いても本心なんて話せないと思うから。そして、こうしなさい、ではなく、こうしたほうがいいよ、私のときはこうだったよ、と自分の体験をもとに話すことを心がけています」

副支配人として、日々後輩と向き合う田端が伝えたいことがある。

「誰かがどこかで必ず見てくれている、成長を喜んでくれる人もいる、ということでしょうか。よく努力は報われると言いますが、本当にそうだなと最近思うんです」

正解はない。
それでも正解を確信する瞬間がある

プランナーの仕事には正解がない。そこがこの仕事の面白さであり、やりがいだと田端は考えている。

「他のプランナーの進行表を見ていても、これはまだ自分はやっていない、もっとできることがある、と思うことばかりです。200件以上の結婚式を担当しても毎回違いますし、毎回感動しますし、もっとこうすればよかったと思う。だからこの仕事はやめられないですね」

とくに印象に残るのは元ＰＪの結婚式を担当したときのことだ。「両親から贈られた振袖を着て、スタッフとダンスをしながら入場したい」——そんな新婦の希望をくんだプランを田端は練り上げていた。

式まで1か月をきったあたりで、田端はいつも、打ち合わせの資料をすべて見返すことに決めている。そこで新婦が「家族が大好き」であると記した、田端自身のメモに目が留まった。それを見て彼女は思った。両親が新婦の振袖姿を目にするのが、ゲストと同時でいいのか。入場の前に、振袖姿を見せたほうがいいのでは——。

思い立った田端は居ても立ってもいられず、すぐさま新婦にメールを送った。

「入場前に親御さんに振袖姿を見てもらいませんか？」

新婦も喜び、賛同してくれた。そして当日。振袖を着た新婦の待つ控え室に、田端は両親を案内した。

「親御さんが扉を開けたときの表情を見て、これは正解だったと思いました。プランナーの仕事に正解はないのですが、本音を探り続けていると、正解と確信できる瞬間がときどきあるんです。このときは私もご両親と同じぐらい泣いてしまいました」

この瞬間があるから、プランナーはやめられない。田端はそう思いながら、今日もそれぞれの新郎新婦と向き合い続ける。

「ブラスらしさ」を追求し結婚式の魅力を発信し続けたい

Chapter 10

成瀬正浩

Masahiro Naruse

アーブルオランジュ 支配人

profile

1985年、愛知県生まれ。

2008年、名城大学人間学部卒業後、ブラス4期生として入社。

学生時代から学級委員、ハンドボール部の副部長、イベントの幹事を自ら買って出るリーダー気質だった。

人の役に立つことで喜びを感じられるサービス業を志し、ウェディングプランナーの存在を知る。

ブルー：ブランに配属され、プランナーデビュー。

2012年、ミエルクローチェ支配人に昇進。

2016年のミエルシトロン、ミエルココンオープンに伴い、三重エリア3店舗をまとめるエリアマネージャーとなる。

ブラス21号店として2019年に浜松にオープンする、アーブルオランジュの支配人に就任。

ワンマンなリーダーから
メンバーの成長を支えるリーダーへ

学生時代から、リーダーを務めるのが好きだった。メンバーを集めて何かをすることに喜びを感じる。人の役に立ちたい、人から頼られたい、みんなの中心にいたいという気持ちが常にあった。

リーダーとは、自分が発案したことを組織の真ん中に立って指示する人。リーダーが「主」で、メンバーが「従」。いわば「ワンマン」のイメージを思い描いていた。

アーブルオランジュ支配人・成瀬正浩の、かつての「リーダー像」はこうだった。

「でも、支配人を務めるうちに考えが変わったんです。自分が統率する立場になってみて、メンバーが育っていないことに気づいた。自分一人が頑張って引っ張るだけでは、メンバーは成長しない。メンバーに仕事を任せることで、一人ひとりの意識を高めて成長させる方向にシフトすることにしました。自分が主役でなく、支える側に回るイメージです」

成瀬は自分が先頭に立って組織を主導するマネジメントを、一人ひとりの成長を促し、全体のレベルを底上げする方向に変えていった。短所を直すより、長所を伸ばすことも意識し始める。

「短所を修正することで伸びていく人もいますが、それよりも僕は得意分野を伸ばす手伝いをするほうが大事だと思っています。本人も、苦手なことを頑張って克服するより、まずは得意なことを伸ばしたほうが仕事が楽しくなると思うんですよ」

たとえば、空間コーディネートが得意なスタッフには、会場のショールームの方向性を考える役割についてもらう。新規接客でお客様の心を瞬時につかむのが得意なスタッフには、ブライダル雑誌の広告の仕事を担当させてみる。将来のリーダー候補と思えるスタッフにはイベントの司会をさせるなど、人前に出る機会を多くつくる。

成瀬はこうして、それぞれの社員が得意分野を伸ばせるような環境を整え、チームワークで創り上げる結婚式を重視してきた。

現場だけでなく、本社スタッフとのつながりも重視

現在の成瀬の仕事は、支配人を務めるアーブルオランジュの運営とそのスタッフ管理だけにとどまらない。静岡地区の3店舗を管轄するエリアマネージャーも務めている。

主な業務は労務管理、コンプライアンス指導など。店舗運営や労働環境が健全であるよう、各店舗をまわってスタッフにヒアリングを行い、課題に対して改善のための指導をする。すべては「いい結婚式を創る」という目的につながる活動だ。

「マネジメントの観点からすれば、もちろん業績を上げることは大切です。でも、数字だけがすべてじゃないと思っています。数字に気をとられて、結婚式のクオリティの維持・向上をおろそかにしては本当の目標達成には結びつきませんから。いい結婚式を創り続けることが新規のお客様のご来館につながり、それが結果として売上に反映されていく循環が理想です。だからこそ、現場での細かな指摘や改善にも関わり、質の高い本番を迎えられる状態を整えることに常に気を配っています」

一店舗の支配人からマネージャーになったことで、視野が広がった。本番のクオリティを上げるためには現場だけでなく本社スタッフとの連携も必要だと、成瀬は感じている。たとえば、店舗の設備の保守・修繕に関しては本社に専門スタッフがいる。現場では設備面でどんな不便さを感じているのかを伝えたり、どのタイミングでどの部分のメンテナンスが必要なのかを協議したりする。

集客アップを図るため、本社広告担当者にも協力する。実際に来館しているカップルはどういう人たちか（趣味嗜好、雰囲気、希望する式のスタイルなど）を伝え、逆に来館していないのはどういう人たちかを分析することで、広告戦略に生かしてもらうのだ。

また、結婚式の現場を見ている立場から、ゲストの反応がいい演出、写真を撮るベストアングルなども伝え、より訴求効果が高い広告や記事の製作につなげることもある。

「本社スタッフはそれぞれの専門領域の知見・ノウハウを持っている。けれど、結婚式場で起こる出来事をリアルに体験し、問題の本質をつかめるのは現場の支配人。双方が相手の立場や視点を尊重しつつ、それぞれの強みを生かして協力できる体制を築きたい。それがうまく機能すれば、ブラスの結婚式自体のクオリティをもっと上げていけるでしょう。結婚式はウェディングプランナーだけでなく、表には出ないすべてのスタッフが一丸となって創り上げるものですから」

時代とともに変わり、多様化していく新郎新婦の価値観に寄り添う

成瀬がブラスに入社して11年。新郎新婦の志向は大きく変わってきた。

ブラスの式場を訪れる新郎新婦のなかでも、式の内容に徹底的に凝りたいタイプとそれほどこだわらないタイプに二極化してきたと、成瀬は感じている。

こだわるポイントについても変化が見られる。以前は「自分たちらしい演出」にこだわった個性的なオリジナルウェディングを望む人が多かった。今はSNSの影響もあり、ビジュアルを重視する傾向が強くなっている。

SNSに投稿したときに映える写真が撮れればゲストにも喜ばれる。そこで、装花などのデコレーション、料理やケーキの見栄えを求める人が増えているのだ。

また、近年は晩婚化が進み、年齢の高い新郎新婦が増えている。その親やゲストも高年齢層が多いため、「派手な演出はなしにして、ゲストがゆっくりくつろげる結婚式にしたい」という新郎新婦も多く見られるという。また、他人の目が気になり、「あまり目立たないようにしたい」と希望する人も増えている。

「僕が入社した頃の『プラスらしさ』は、個性が光るオリジナルの式を創りたい、ゲストを驚かせたい、盛り上げたいという勢いで突っ走るところでした。それはプラスの強みでもありましたが、ときに自分たちの想いやこだわりが先走ってしまうこともあったと思います。そんなふうだった僕たちも、今ではさまざまな価値観、志向を持つ新郎新婦に寄り添ったご提案ができるようになってきました。きっとこれからも価値観は多様化していくでしょう。それぞれの人の想いを汲み取り、描いているイメージを実現させる力をさらに磨いていくことが、より重要になっていると思います」

価値観が多様化するなかで、「結婚式を挙げない」というカップルも増えている。

結婚式を挙げない理由として、主に挙げられるのは金銭的な問題。「資金がない」というほか、「結婚式より他のことにお金をかけたい」というものだ。つまり、「結婚式に莫大な費用をかける価値があるのか」と疑問に思う人が増えているということになる。

これは、ふたりが過去にゲスト側として参列した式に魅力を感じられなかったからだ、と成瀬は分析している。

「ブライダル施設の建物のデザインは昔より洗練されて魅力的になっている。設備も充実している。音響や映像の技術も格段に進歩しています。新郎新婦の好みに応じて、バラエティに富んだ式ができるようになりました。ところが、そうした施設にゲストを招待して披露宴を行うスタイルの挙式は、以前よりも数が減っているんです。それは結局、ハードはよさそうに見えるけれど、結婚式の質自体がよくなっていないからでしょう。それは演出なのか、サービスなのか、ともかく参列したゲストが満足できていない、期待値を超えていないということです。新郎新婦のおふたりも参列のご経験はあると思うのですが、その経験から『こういう結婚式なら、高額を投じてまで大げさにやらなくていいんじゃないか。少人数で簡単にできれば』というお考えに至っていると思うんです」

本来、ブライダル業界はふたりの新しい門出を大切な人たちとともに祝い、明るい未来を予感させる、夢のある仕事であるはず。ところが今は、結婚式の見栄えと運営効率ばかりを重視する企業も業界に増えていると思う。それをお客様はわかっていらっしゃるのだ、と成瀬は感じている。

ブラスのスタイルを守り続け、「最高の結婚式」を追求し続ける

「結婚式に対するイメージを変えたい」

「結婚式っていいものだなと思ってくださるゲストを増やしたい」

――ブラスが「最高の結婚式」を発信し続けることによって、それを実現するのが成瀬の目標だ。


「ブラスがいい結婚式を発信することで、参加したゲストが結婚式の価値を見直す。そうすればゲスト自身が結婚するとき、式を挙げたくなるはず。こうして挙式数が増えればブ

ライダル業界の活性化にもつながるでしょう。結婚式の中身にとことんこだわり続けていくことが大事だと思っています。新しいことを始めるというより、今のプラスのスタイルを守り、さらに深く追求していくイメージです」

今のプラスのスタイルとは、「担当一貫制」と「完全貸切で一日2組限定」。今後もこれだけは変えてはいけないと考えている。

マネージャーの観点で見れば、担当一貫制をやめて一日の受け入れ数を増やしたほうが効率はいい。しかし、それをやると数字は一時的に上がっても、目指すような『いい結婚式』は創れないだろう。

だから、プラスはこれまでやってきたことをさらに深く追求していく。そんなプラススタイルを求めてくれる人はたくさんいるはずだ、と。

そのためには、結婚式そのものやお客様を好きでい続けること、そして結婚式を「売り物」として見ないことが大切だ、と成瀬は信じている。

「管理職である今は担当の結婚式は持っていませんが、お客様とはよく話をしますね。コミュニケーションを取れば取るほど、おふたりのことをどんどん好きになりますし、結婚式を単なる商品とはとても思えなくなります。おふたりへの想いが強くなり、心を込めてお手伝いするようになるからかもしれません。ですから、おふたりを知り、好きになることは、支配人であっても大切なことだと思うのです」

Question
現役ウェディングプランナーに聞いた

「プライベートはどう過ごしてる?」

音楽や映画鑑賞。つい「演出」を考えてしまう

「家でゆっくり過ごすことが多く、YouTubeでよく曲を聴いています。昔の曲から最新の曲までチェックしているので、新郎新婦から『この曲を流したい』と言われると、すぐにイメージが浮かびますね。『サビの部分で、こんな演出はいかがでしょう?』って」(田端亜希子)

「ドラマや漫画を見ていると『このシーン、前撮りで再現できそう』、音楽を耳にすると『この曲はこんなシーンに合いそう』なんて、ついつい結婚式に結びつけてしまいます」(鈴木温子)

ショッピング。式に使えそうな装飾やアイテムをチェック

「ビジュアルにこだわりを持つ新郎新婦さんを担当しているときなどは、会場のディスプレイのヒントを探して、アパレルショップのディスプレイをチェックしたりすることもあります」(柴田友美)

「雑貨屋さんなどに行くと、『このキャンドル、会場装飾に使いたい!』『これは引出物にしてもいいかも』とチェックしちゃいます」(森山佳奈)

「バスケが好きな新郎新婦を担当していたとき、買い物中にたまたまバスケ

ットボールのコースターを見つけて即購入。次回打ち合わせのときにそれでドリンクをお出ししました。お客様が好きなものにはやっぱり自然と目が行っちゃいます」（松浦菜々子）

好きな人と会う

「大好きなおじいちゃん、おばあちゃんに会いに実家に帰ることも。ふたりと接していると、結婚式の高齢のゲストへの接し方も自然に身につく気がします」（柴田友美）

「会社の同期と毎週会って、1週間の出来事を話しています。ほとんど結婚式の話ばかり（笑）。プランニングで

悩んでいることがあれば相談に乗ってもらいます」（高田桃子）

「結婚式が趣味のようなものだから、それ以外の趣味がなくて（笑）。会社のみんなの顔が見たくなって、休みの日もついつい同僚に会ってしまうんです」（菊池麻衣）

「エグゼクティブ」の誇りを胸に結婚式の伝統を守りつつ進化させていく

Chapter 11

鈴木温子

Atsuko Suzuki

ブルーレマン名古屋 副支配人・エグゼクティブプランナー

profile

1983年、愛知県生まれ。

2006年、愛知淑徳大学卒業後、ブラス2期生として入社。

ブルーレマン自由が丘へ配属される。

もともとは教員を目指していたため教員免許を取得。

大学4年生のとき、「幸せを感じる仕事」をしたい、教員には他業種での社会人経験を経てからでもチャレンジできると考えた結果、ウェディングプランナーの仕事にたどり着く。

2012年、ブルーレマン名古屋に異動、チーフプランナーに昇進。

2014年、副支配人に昇進。

2015年、担当数200件を達成。エグゼクティブプランナーの称号を獲得。

2018年、担当数300件を達成。現在はマネージャーも務める。

プラス全店舗でたったの5人エグゼクティブだからできる「離れ業」

プラス全店舗のプランナー約200人のうち、たった5人にしか与えられていない称号、それが「エグゼクティブプランナー」である。エグゼクティブプランナーは、いわば全プランナーにとってのリーダー的存在だ。

ブルーレマン名古屋の鈴木温子もその一人。彼女はこれまで300件を超える結婚式を担当してきた。全店舗でナンバーワンの記録である。この豊富なプランナー経験を通じ、鈴木は他のプランナーにはなかなか真似できない離れ業をやってのける。

まず鈴木は、新郎新婦に合わせてキャラクターを変える。彼女自身は本来、気さくな性格だ。冗談で周りを楽しませ、明るくサポートすることに長けている。

ところが、自分たちの意見をしっかり持っている新郎新婦が訪れると、落ち着いたモードに一変する。ふたりの考えに共感し寄り添いつつも、一つひとつのアイディアを客観視してもらうようにも気を配る。頼れる雰囲気を前面に出すのだ。一方、若くてノリのいい新郎新婦なら本来のキャラを生かし、明るくハッピーな雰囲気全開で接客する。

そのように振る舞うのは、新郎新婦の雰囲気に合わせたほうが自然な空気のなかで話し合いができ、安心して結婚式を任せていただけると思うからだ。

式当日に進行を臨機応変に変えるのも、鈴木だからこそできる業だ。最初から盛り上がるゲストもいれば、どんな演出にもあまりリアクションを示さないゲストもいる。後者の場合は、前半に予定していた派手な演出を後半にずらす判断も厭《いと》わない。

「場を温めてからメインの演出をしたいんです。ここでだいたい盛り上がる、というポイントがあるので、当日のゲストの雰囲気を見て進行順を入れ替える指示をします」

たとえば、シェフのメニュー紹介は往々にして盛り上がるため、その後にメインの演出をずらす。ＢＧＭや照明を明るめに変えたり、カーテンを開けたり、天気がよければテラスを開放したりして、明るい雰囲気を強く打ち出す工夫もする。

「よくあるのは、歓談の時間になってもゲストが遠慮して新郎新婦のいる高砂《たかさご》に近づかないパターンです。そんなときはご友人の料理の進み具合を見ながら声をかけ、さりげなく高砂へお連れします。一人が席を立てば、後は続いてくれるものです」

このとき、やみくもに声をかけるわけではない。式開始直後のプロフィール紹介やフラワーシャワーのときに大きなリアクションをしている人を前もって観察しておくのだ。

「仕事柄、司会者さんもゲストのキャラを見極めてくれていますので、司会者さんとの密な連携は欠かせません。その観察眼は尊敬していますし、頼りにしています」

盛り上がりだけでなく、鈴木は参列者の一体感をつくることにも気を配る。結婚式は幅広い年齢層の人々が一堂に会する場だ。せっかく集まってもらったのに、新郎新婦と友人だけが盛り上がって、他のゲストを置き去りにしてしまっては本末転倒になる。

バンド活動をしている新郎がチャペルでライブ演奏をする演出を行ったときは、打ち合わせでゲストの席札をハンドタオルにすることを提案。新郎新婦の入場時に音楽に合わせて振ってもらった。鈴木は本物のライブ会場を思わせる工夫によって、「今日はこんなふうに楽しめばいいのか」と幅広い年齢層のゲストに理解させ、一体感を瞬時に創り上げたのだ。

一生残るDVDに最高に幸せな瞬間を焼き付ける

鈴木のエグゼクティブたる所以《ゆえん》は、式終了後まで見据えていることかもしれない。式がDVDにどう記録されるかを意識し、当日の動作指示に生かしているのだ。

「上出来と思えた式ほど、後日DVDを見返すようにしています。すると足りない点がたくさん見えてくる。見返せば見返すほど、こうすればいい映像が撮れるというポイントもわかってきました。ここでこういう動きをすれば素晴らしいエンドロールに仕上がるな、なんて考えながら、新郎新婦への言葉のかけ方や誘導の仕方にも気を配ります。これだけで映像が素晴らしく変わるんですよ」

新郎新婦に声をかけたいときも、「あと2秒待てばいい映像が撮れる」と判断すれば、歩み寄るのをぐっと我慢する。しんみりするシーンの直前には、エアコンの雑音が入らないようにスイッチを切っておく。照れる新郎新婦に「外国人になったつもりでここで思いっきりハグしてくださいね」と声かけする。こうした細かい気配りや動作指示によって、DVDにも最高に幸せな瞬間を焼き付けていく。

「人の記憶は曖昧なものです。記憶はどんどん薄れたり変わったりしますが、映像や写真は残り、何度も見返すことができる。だからこそ、そこにいかにいい画を残すかが私の裏テーマなんです。プランナーには演出家としての客観的な目線も必要です」

新郎新婦だけでなく、映像に残る自分自身の姿も意識する。DVDを見返すようになって、自分の表情や立ち居振る舞いもしっかり映り込んでいると気づいたからだ。

「まだ若い頃、自分がインカムで指示をしている姿は衝撃でした。ピリピリ感が出て、表情が険しくて。おふたりの手元に一生残る映像なのに、これではまずいですよね。今は仕事に追われている気配は封印して、ハッピーオーラ全開を心がけています。おふたりといい関係を築けていることがパッと見てわかるような笑顔や立ち居振る舞いを心がけ、ビデオマンさんの位置も常に頭に入れて動くようにしています」

インカムで業務指示を出すときも明るい表情を意識し、きつい物言いをしないように努めている。現場でも仲間への思いやりを欠かさず、盛り上げるのが「鈴木流」だ。

「インカムではユーモアも交えてスタッフを和ませます。きつい表現って聞いていて気分がよくないですよね。みんなの協力のおかげで式を実現できている、各々の持ち場の言い分があると考え、思いやりは忘れないように気をつけています。『一生のお願い！』という言い方はよくしますね。この仕事を始めて１００万回は使ったかも（笑）。みんな、またか〜って思いながらも、よしやろう、と思ってくれるみたいです」

守るべき伝統やルールは守りつつおふたりらしさを印象づける

300件超の式を担当してきた鈴木だからこそ、細心の注意を払っていることがある。それは過去の豊富な事例に自分自身がとらわれないようにすることだ。

「プランニングをするときに、結婚式とはこうあるべきという決めつけをしないよう心がけています。ヒアリングで出てきたキーワードをそのまま受け取るのではなく、さまざまな視点で眺めてイメージを広げる。街で音楽が流れてきたら、あのシーンのBGMに使えないかと考える。映画で観た印象的なシーンを前撮りのシチュエーションに生かせないかと想像する。アイディアや発想力を鍛えることは常に意識しています」

その一方で、新郎新婦が望むままに何でもやればいいわけではないとも考えている。経験を積めば積むほど、古くからある結婚式の型には意味があり、それも大切にしたいと感じるようになったという。

「おふたりらしさを出しつつも、守るべき一線というのがあると思っています。自分のためにみんなが集まってくれるタイミングって3つあると思うんです。生まれたとき、亡くなったとき、そして結婚式。なかでも、自分でタイミングを選べて自分で表現できるのは結婚式だけです。だからこそ、ご祝儀を持って正装して来てくださるゲストを裏切らないことも意識しています。『枠は出ずに、期待を超える』ことを目指しています」

結婚式にはさまざまな年齢の、価値観の異なるゲストが参列する。奇抜な演出はときに非常識ととらえられ、新郎新婦が恥をかくおそれもある。

そうした危険は鈴木が察知し、プロとしてふたりに伝える。それでもやりたいという新郎新婦には、招待状の段階から伏線を張っておくようアドバイスをするという。

後輩の支えとなり憧れられる存在に

ウェディングプランナーを13年にわたって経験してきた鈴木は、最近の新郎新婦に変化を感じている。

「一生に一度だからあれもやりたいこれもやりたい、と自分軸で考える方が減りましたね。代わりに、ゲストの満足度を追求する人、車代や受付の方へのお礼を気にする新郎新婦が増えています。おそらくＳＮＳの影響だと思います。他人の価値観に敏感になり、他人からどう評価されるかを非常に気にされるんです。『これって変ですかね？』と確認されることも増えました」

そんな人目を気にしすぎる新郎新婦に対しては、私たちプランナーがついていますから大丈夫ですよ、と安心感を与える。相手が不安に思う点は噛み砕いて丁寧に説明する。これからの時代、プランナーには説明力が一層求められると鈴木は言う。

「自分はたくさんの結婚式の経験がありますが、新郎新婦は初心者です。まずはその点を忘れないこと。その上で、新郎新婦とプランナーの3人が同じイメージを共有できるよう、イメージできない方には紙に絵を描いてお見せし、納得いくまで説明します。マリッジブルーになっている新婦には、ゲストは評価しに来るんじゃなくて、おふたりの幸せな姿を見にやって来るんですよ、と伝えて安心していただくこともします」

ときにプランナーには、メンタルケア的な役割も求められるのだ。

結婚式を挙げるカップルの割合は年々減少傾向にある。鈴木の目標は参列したゲストに「自分も式を挙げてみたい」と思ってもらうことだ。

「働いている私でさえ、結婚式って毎回感動するし、楽しいんです。なぜみんな式を挙げないのかが疑問で。それなら私が素敵な結婚式をコツコツと創り続けて、ゲストの方々に『こういうスタイルなら自分もやってみたい』と思っていただきたいんです」

鈴木はここ十数年、土日は休みなしで働いている。きついと思うこともあるが、それを忘れさせてくれるのはお客様の「ありがとう」の言葉だ。

「たまには家でドラマをリアルタイムで見たいな、ライブに行きたいなと思うこともありますが（笑）、ブラスで結婚式を挙げるのを楽しみにしているお客様と自分の土日の楽しみを天秤にかけると、お客様が勝るんです。最後に『ありがとうございました。また遊びにきますね』と言っていただけたら、もう、すべてのつらさを忘れてしまいます」

目標とするウェディングプランナーの存在も、鈴木の支えだ。

他社のプランナーで、結婚式にサプライズを取り入れた先駆者的な存在。ブログも熟読するほど憧れた。面識はないが、彼女がいたから頑張ってこられたと鈴木は言う。そして、そんなプランナーに自分もなりたい、とも。

「社外からも『ブラスの鈴木温子みたいなウェディングプランナーになりたい』と憧れら

れる存在になりたいですね。自分も誰かの支えやロールモデルになれたらと思います。でっかい夢で、本当は言うのも恥ずかしいんですけど」

むすびに

私たちプラスがハウスウェディング事業を始めて、今年で17年目を迎えました。

この17年間で、ブライダル業界は大きく変わりました。「ゲストハウス」と呼ばれる結婚式場は今や珍しくなく、その数も増えました。結婚式を挙げる方にとっては選択肢が増えた一方で、結婚しても「結婚式を挙げない」カップルも多数。婚姻届を出した人の半数が結婚式をしていないのが現状です。

この本の中で数人のメンバーも提言したように、今こうした状況にあるのはブライダル業界に携わる者たちの責任だと言えます。結婚するカップルに「結婚式をしたい」と思っていただけていないということなのです。いくら結婚式が減っているとはいえ、列席する経験は多くの人がしているはずです。結婚式に行き、「私も結婚するときは、あんな風になりたい」「結婚式っていいものだな」「お金をかけてでも、やりたいな」と思えるよう伝えられていないのです。これは大問題です。

結婚式は形のないものだと言いました。車のように試乗はできないし、家のように見学にも行けません。しかし、実際の結婚式に出席して、いいと感じなければ、次につながっていかないのは当たり前です。だから私たちは、ゲストが列席して「素晴らしい」と感じるような結婚式を創ることで「自分たちも結婚式を挙げたい」と思ってもらいたいと考えています。

では、私たちは、なぜ「結婚式を挙げてほしい」と思うのか。それは、結婚式に立ち会って「これほどかけがえのない時間はない」と実感しているからです。

結婚式が開かれると、人々はめいっぱいのお洒落をして、ご祝儀を片手に、遠方から貴重な時間を使って駆けつけるのです。数年ぶりに会う人もいるでしょう。そこに集まるのは、おふたりが今までの人生で出逢ったご縁ある方々――。

これを「かけがえのない時間」と呼ばずして、何と呼ぶのでしょうか。

そのような時間を過ごすのと過ごさないのとでは、大きな差があります。結婚式は新たな人生のスタート地点です。誰もが思うはずです。あの日あのとき、みんなから「おめでとう」と言ってもらえた、自分たちからも「ありがとう」と伝えたからには、必ず幸せな人生を送るのだと。

昨今、離婚する夫婦も多く見られます。もし、あの「かけがえのない時間」がおふたりの絆を強くしていたら――結果は違ったかもしれないと思うのです。


私たちの使命は、「いい結婚式をすること」です。

「はじめに」でお伝えしたとおり、私たちは「ブライダル業界を変えたい」「結婚式をもっといいものにしたい」という一心で17年間走ってきました。

この本を通してプラススタイルを知っていただけたかと思いますが、私たちはずっと、このスタイルへのこだわりを貫いてきたのです。それによって、多くの新郎新婦やそのご家族、ゲストのみなさんに喜んでいただけたと自負しています。

しかし、業界全体に目を向けると、以前とあまり状況は変わっていないと感じます。プラスのやり方を真似する会社がもっと増えてもいいはずだと私は思うのですが、現実はそうなっていません。もしかすると、私たちのスタイルに注目し、取り入れることを検討した企業もあるのかもしれません。しかし実行されていないということは、収益性なのか組織運営なのか、何かしらの課題があるとも考えられます。

私たちはそのような潜在的課題にも向き合い、大切な部分は守りつつも、改善すべき部分は改善を図り、さらに成長していかなければなりません。会社をさらに成長させることで、ブライダル業界により大きな影響力を持てるようになりたい。私たちが存在感を示すことで、「よりいい結婚式を目指す」という意識とスタンスが業界に広がっていけば、と思うのです。

プラススタイルが、世の中の結婚式のスタンダード、ウェディングプランナーのスタンダードになっていくこと。それが当面の目標です。ウェディングプランナーを目指す多くの人たちが、ウェディングプランナーが本来あるべき姿で仕事ができるような環境をつくっていきたい。ウェディングプランナーを守り、育てるためにも、プラスは成長し続けていきたいと思います。

ウェディングプランナーという仕事は、大変な仕事です。

しかし、一度この仕事に就いた人は、誰もが思うはずです。

「こんなにいい仕事はない」と。

人の幸せを願うことができれば、誰にでもその扉は開けることができます。お客様は十人十色、プランナーだって十人十色でいいのです。そして、実際にこの仕事に就いたとき、本を読むだけではわからなかった「現場」を実感できると思います。ぜひ、臆することなく飛び込んで、実感してほしいと思います。

そして、ウェディングプランナーという仕事は、ブライダル関連業界だけでなく、あらゆる仕事に通じる力を身につけられる仕事、「人」としての学びを得られる仕事です。

お客様とのコミュニケーション力、ニーズを引き出して実現方法を考えるコンサルティング力、結婚式のプランを組み立てる企画・プロデュース力、式までの準備の進捗を管理するダンドリ力。式当日に現場を仕切ることで、臨機応変の対応力も磨かれます。この仕事の経験を通じて培ったものは生涯生きることでしょう。

なおプラスでは、「いい結婚式」を増やすべく、今後も結婚式場を新設し、事業を拡大していきます。リーダーやマネージャーのポジションに就いてマネジメント力を身につけるチャンスもあります。いずれは海外展開も視野に入れていますので、いろいろな可能性が広がっています。

この本を読んだ方が、あらためて「ウェディングプランナーになりたい」「いい結婚式を創りたい」「いい結婚式を挙げたい」と思ってくだされば うれしく思います。そしてみなさんの成長、幸せにつながっていくことを願っています。

最後になりましたが、この本の出版にあたってご協力いただきましたリスナーズ株式会社の垣畑光哉さん、青木典子さん、幻冬舎の鈴木恵美さん、小林駿介さん、ライターの横山瑠美さんに心より御礼を申し上げます。

profile

河合達明

かわい・たつあき

株式会社プラス代表取締役社長。1966年、愛知県稲沢市生まれ。21歳のとき友人から結婚式の司会の依頼を受け、人生初の司会者となる。以後、会社員として働きながら、友人・知人から依頼を受けた司会を続けていたところ、司会者事務所にスカウトされ所属。

1998年、結婚式の司会者派遣を行う有限会社プラスを設立。
多くのホテルや専門式場を司会者として回るうちに「もっといい結婚式を創りたい」という想いが募り、ついに一念発起。

2003年、愛知県一宮市の住宅展示場を結婚式専門の施設「ゲストハウス」としてリニューアル。1号店となる「ルージュ：ブラン」を開店し、ハウスウェディング事業をスタートさせた。

2016年に東証マザーズ・名証セントレックスに新規上場、2017年には東証一部・名証一部へ市場変更を果たす。

現在は、全国に直営店型ゲストハウスを21店舗展開。また、婚礼衣装のレンタルやレストラン運営、司会、演出業も行っている。2019年、大阪市に「ブルーグレース大阪」、静岡県浜松市に「アーブルオランジュ」が開店。

経営理念である「それぞれの新郎新婦にとって、最高の結婚式を創る」ために、「完全貸切ゲストハウス・ウェディングプランナー一貫制・オープンキッチン」というウェディングスタイルを創業当時から貫いている。

ウェディングプランナーになりたいきみへ2
〜最高の結婚式を創るために〜
2019年5月25日　第1刷発行

著　者　河合達明
発行者　見城 徹

発行所　株式会社 幻冬舎
〒151-0051　東京都渋谷区千駄ヶ谷4-9-7

電話　03(5411)6211(編集)
03(5411)6222(営業)
振替　00120-8-767643
印刷・製本所　図書印刷株式会社

検印廃止

Printed in Japan
ISBN978-4-344-03457-0　C0095
幻冬舎ホームページアドレス　https://www.gentosha.co.jp/

この本に関するご意見・ご感想をメールでお寄せいただく場合は、
comment@gentosha.co.jpまで。